2023
台灣經濟發展
藍皮書

童振源 博士
王國臣 博士 ——— 著

結 構 分 析 與 國 際 比 較

目錄

序言

　　從1950年代至1990年代，臺灣人民勤奮打拚、刻苦耐勞、不畏艱難，共同努力締造東亞經濟奇蹟：高經濟成長、低所得差距與高人力資本。1980-1990年代，臺灣錢淹腳目、人人充滿希望與機會，正是臺灣經濟繁榮昌盛的寫照。

　　不過，進入2000年後，臺灣經濟發展出現嚴峻挑戰，經濟增長持續減緩與薪資停滯不前，讓很多人對臺灣經濟失去信心。過去七年，臺灣經濟成長逐漸回溫，特別在疫情三年時期，更是突飛猛進。2022年10月，國際貨幣基金會估算，2022年臺灣人均國內生產毛額（GDP）超過韓國與日本，終於讓民眾對臺灣經濟再度充滿期待。

　　相較於李登輝總統、陳水扁總統與馬英九總統執政的時期，蔡英文總統執政的七年，臺灣經濟表現得如何？哪些因素造成經濟成長速度變化？相較於世界各國的發展成果，臺灣經濟表現得如何？面對未來，臺灣經濟發展會面對哪些重大挑戰？面對未來經濟發展挑戰，政府應該如何帶領全國民眾再造經濟巔峰？

　　本書觀察過去三十多年臺灣經濟發展經驗，從經濟成長、人均所得、產業結構、經濟成長的貢獻因素、需求面的GDP各支出項目

（消費、投資、財政、國際貿易）、供應面的主要生產要素（資本、人口、生產力、研發與企業）、各產業（農業、工業、服務業、製造業、ICT產業及各行業）與國際經濟變數（國際貨品及服務貿易、國際直接與金融投資、國際人才及移工流動）剖析經濟結構，並且運用計量分析GDP各支出項目與各產業對經濟成長的貢獻。

此外，本書也進行歷年（從1990年到2022年）、跨年代（1990年代、2000年代、2010年代）、跨政府（李登輝政府、陳水扁政府、馬英九政府與蔡英文政府）與跨國際（世界、已開發國家、開發中國家、高所得國家、中低所得國家、東亞四小龍與世界主要經濟體）的經濟發展成果比較，並且運用國家發展委員會對臺灣及主要國家人口趨勢的估算，希望提供跨時間、跨政府與跨國際的時空座標，並佐以國際經濟情勢變遷與國際組織研究報告，讓讀者通盤瞭解臺灣經濟發展現況全貌與時空定位。

統計資料來源主要有二：一是臺灣各部會，含括主計總處、內政部、財政部、經濟部、勞動部、國家發展委員會、國家科學及技術委員會，以及中央銀行。二是國際組織，包括國際貨幣基金會（International Monetary Fund, IMF）、世界銀行（World Bank）、經濟合作暨發展組織（Organisation for Economic Co-operation and Development, OECD）、國際勞工組織（International Labour Organization, ILO），以及世界貿易組織（World Trade Organization, WTO）。三是國際重要智庫，包括瑞士洛桑管理學院（International Institute for Management Development, IMD）與世界經濟論壇（World Economic Forum, WEF）。

受限於時間與專業能力，我們無法分析與回答所有臺灣經濟發展的問題，特別是有幾個重要議題仍在國內熱烈爭辯或正在推動政策當

中，包括能源、水資源、土地運用與淨零排放。當然，這些議題對經濟發展都非常重要、深刻影響臺灣的未來。如果未來有機會，我們會繼續努力分析這些議題。

非常感謝多位好朋友對初稿提供指教與建議，包括臺灣金融研訓院黃崇哲院長、商業發展研究院許添財董事長、中國生產力中心張寶誠總經理、國家實驗研究院王永和前院長、中央研究院經濟研究所簡錦漢前所長、臺北金融研究發展基金會周吳添董事長、臺灣經濟研究院張建一院長、中華經濟研究院王健全副院長與劉孟俊所長、臺北科技大學陳春山教授、達盈管理顧問公司方頌仁董事長及睿騰管理顧問公司王安亞總經理。他們從不同專業與實務經驗提供評論意見，讓我們更務實理解臺灣經濟發展趨勢；但若本書有任何疏漏之處都是作者能力不足所致，敬請讀者指正。

衷心期盼這本書能提供政府、在海內外打拚奮鬥的臺灣企業家及民眾參考，瞭解臺灣未來經濟發展的機遇與挑戰，共同打造臺灣經濟發展永續繁榮昌盛！

童振源 博士　　謹誌
王國臣 博士

2023年4月5日

経濟成長

CHAPTER 1

歷年經濟成長

　　從1960年代至1980年代臺灣經濟快速發展，包括快速經濟成長率與所得分配相對平均，成為全球經濟發展的模範、甚至稱為經濟發展奇蹟。[1]1970年代經濟成長率每年平均（年均）為10.9%，1980年代年均為8.5%，1990年代年均為6.6%，2000年代年均為3.9%，2010-2022年年均為3.7%。[2]

　　1970年代，除了受石油危機影響的1974-1975年及1979年，臺灣經濟成長率幾乎都維持在兩位數，1976年達到高峰的14.3%。1980年代，經濟成長率大致都維持在8%左右，甚至有三年超過兩位數。1990年代，經濟成長率雖不再出現兩位數成長，但仍維持在6%左右。

　　從世界各國的經濟發展歷史當中得到印證，經濟發展到一定水準後將明顯放緩，因為經濟成長動能由生產要素積累，轉換為科技創新

---

1 World Bank (1993), *The Fast Asian Miracle*. New York: Oxford University Press.

2 主計總處在民國100年12月19日發佈新聞稿指出，有關多年平均經濟成長率之計算，國際上一般有兩種方式：

　　1. 算術平均：不考慮各年規模差異，僅將各年經濟成長率簡單平均，例如2008年至2010年年平均經濟成長率為[0.73%＋(-1.81%)＋10.72%]/3＝3.21%。

　　2. 幾何平均：考量各年規模差異，採複利觀念計算，例如2008至2010年平均經濟成長率為$[(14,210,285/12,975,985)^{(1/3)}-1]*100\%=3.08\%$。

　　本書採取算術平均計算平均成長率。

在內的生產力提升。但是，臺灣在1999年的每人平均（人均）國內生產毛額（gross domestic product, GDP）才13,804美元，2000年以後經濟成長動能便急速下降，似乎太早了些。

2001年因網路泡沫及911恐怖攻擊事件，臺灣經濟從1970年以來出現第一次負成長，2009年又因為美國次級房貸風暴而出現第二次負成長，其他年度大致維持在4-5%的成長率。2010年因為前一年的負成長反彈及財政擴張政策，經濟成長率達到10.3%，但往後幾年，除了2021年高達6.5%的成長率之外，大部分年度經濟成長率都維持在2-3%的區間。

2020年到2021年臺灣經濟表現遠比其他國家好，受惠於COVID-19疫情驅動各國對3C產品龐大需求及中美貿易戰帶動搶單與轉單效果。2022年下半年開始，各國都在去化庫存商品，導致臺灣的出口顯著下滑，影響經濟成長。

人均所得演變

隨著1970-1990年代整體經濟狂飆成長，臺灣人均GDP也快速增長。特別說明，以美元計算的人均GDP會受到匯率變動影響，本書附表將同時附上新臺幣計算的人均GDP。1970年人均GDP只有397美元，1980年已經突破2,000美元到達2,389美元，短短十年便增長501.8%。1990年人均GDP已經達到8,205美元，比1980年再增長

243.4%。

　　2000年臺灣的人均GDP達到14,908美元，比1990年再增長82%。2000年以後，成長速度便顯著緩慢下來，2010年人均GDP達到19,197美元，比2000年再增長28.8%。

　　2020年臺灣人均GDP達到28,549美元，比2010年增長48.7%，主要是2016年之後的快速成長。2020-2022年三年期間，經濟增長20.1%、人均GDP增長21.9%。2022年人均GDP達到32,811美元，從2003年以來第一次超越韓國人均GDP。[3]

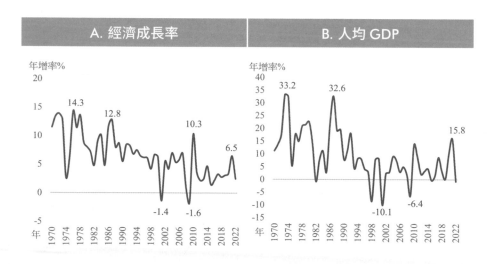

圖1-1　國內生產毛額與人均GDP（1970-2022）

---

3 南韓央行在2023年3月7日公布2022年人均GDP為32,237美元，低於臺灣的32,811美元。

依各政府執政時期分

　　李登輝總統執政的1990-1999年，臺灣年均經濟成長率為6.6%，陳水扁總統執政的2000-2007年為4.9%，馬英九總統執政的2008-2015年為3.0%。

　　最近7年，臺灣經濟成長動能略為回升。即使在2020-2022年受到COVID-19疫情的嚴重衝擊，蔡英文總統執政的2016-2022年，年均經濟成長率為3.4%，2022年GDP已經達到7,627億美元。2016-2022年的經濟成長動能比2008-2015年時期好，年均經濟成長率略微增加0.4個百分點，但仍比不上2000-2007年的4.9%及1990-1999年的6.6%。

　　臺灣人均GDP也呈現類似的增長趨勢。1990-1999年年均每人GDP為11,889美元、年均成長率為6.3%，2000-2007年為15,315美元、年均成長率為3.4%，2008-2015年為20,500美元、年均成長率為3.3%，2016-2022年為27,762美元、年均成長率為5.5%。

　　再細看，1999年臺灣的人均GDP為13,804美元；2007年增加3,953美元到17,757美元；2015年增加5,023美元到22,780美元；2022年人均GDP增加10,031美元到32,811美元。相較之下，從1999年到2015年的16年間，人均GDP僅增加8,976美元；反觀，從2015年至2022年的短短7年便增加10,031美元。

表1-1 ▶ **各主要時期國內生產毛額（1990-2022）**

項目類別	國內生產毛額			人均 GDP		
	金額	金額	經濟成長率	金額	年增率	金額
單位	億美元	億元	%	美元	%	元
1990-1999 （李登輝總統執政）	2,526	71,380	6.6	11,889	6.3	335,335
2000-2007 （陳水扁總統執政）	3,461	114,465	4.9	15,315	3.4	506,444
2008-2015 （馬英九總統執政）	4,766	147,023	3.0	20,500	3.3	632,384
2016-2022 （蔡英文總統執政）	6,523	195,975	3.4	27,762	5.5	834,042

國際比較

根據世界銀行的統計，1990年代臺灣平均經濟成長率為6.6%，優於世界各國的2.8%、高所得國家的2.7%，以及中低所得國家的3.3%，臺灣的表現不差。

2000-2007年臺灣平均經濟成長率減緩到4.9%，世界反而增加到3.7%，高所得國家維持在2.7%，主要動能是中低所得國家成長率達到6.5%。臺灣經濟成長率微幅落後於亞洲主要經濟體。

2008-2015年臺灣平均經濟成長率繼續減緩到3.0%，世界也減緩到2.5%；其中，高所得國家減緩到1.2%，中低所得國家也減緩到

5.4%。除了香港與泰國之外，臺灣經濟成長率仍落後於亞洲主要經濟體。

　　2016-2021年臺灣平均經濟成長率微幅提高到3.5%，世界維持在2.5%，高所得國家微幅提高到1.5%，中低所得國家繼續減緩到4.0%。臺灣經濟成長率不僅領先新加坡、韓國與香港，也與亞洲其他主要經濟體的成長率相近。

表1-2 ▶ **經濟成長率國際比較（1990-2021）**

單位：年增率（%）

國家（地區）	1990-1999	2000-2007	2008-2015	2016-2021
臺灣	6.6	4.9	3.0	3.5
世界	2.8	3.7	2.5	2.5
高所得國家	2.7	2.7	1.2	1.5
歐盟	2.2	2.4	0.4	1.4
英國	2.1	2.6	1.0	0.7
日本	1.5	1.4	0.3	0.0
美國	3.2	2.7	1.4	2.1
香港	3.6	5.3	2.7	1.2
韓國	7.3	5.7	3.2	2.4
新加坡	7.2	6.5	4.9	2.7
中低所得國家	3.3	6.5	5.4	4.0
中國	10.0	10.6	8.7	6.1

國家（地區）	1990-1999	2000-2007	2008-2015	2016-2021
印尼	4.3	5.1	5.6	3.7
馬來西亞	7.2	5.6	4.7	2.8
菲律賓	2.8	4.9	5.4	3.8
泰國	5.2	5.3	2.9	1.6
越南	7.4	6.9	6.0	5.6

根據世界銀行的統計，1990年代臺灣人均GDP成長率為6.3%，優於世界各國的1.3%、高所得國家的2.0%、中低所得國家的1.5%，臺灣的表現領先大部分亞洲經濟體。

2000-2007年臺灣人均GDP成長率減緩到3.4，世界反而增加到2.3%，高所得國家維持在2.0%，主要動能是中低所得國家成長率達到5.1%，臺灣的表現比大部分亞洲主要經濟體差。

2008-2015年臺灣人均GDP成長率微幅減緩到3.3%，世界也減緩到1.3%，高所得國家減緩到0.6%，中低所得國家也減緩到4.0%，臺灣的表現與亞洲主要經濟體相仿。

2016-2021年臺灣人均GDP成長率大幅提高到6.5%，世界維持在1.4%，高所得國家微幅提高到1.2%，中低所得國家繼續減緩到2.8%。臺灣人均GDP成長率在這個時期表現非常亮眼，超出亞洲很多主要經濟體。

| 表1-3 ▶ | 人均 GDP 成長率國際比較（1990-2021） |

單位：年增率（%）

國家（地區）	1990-1999	2000-2007	2008-2015	2016-2021
臺灣	6.3	3.4	3.3	6.5
世界	1.3	2.3	1.3	1.4
高所得國家	2.0	2.0	0.6	1.2
歐盟	1.9	2.1	0.3	1.3
英國	1.9	2.0	0.2	0.2
日本	1.2	1.3	0.4	0.2
美國	2.0	1.7	0.6	1.5
香港	2.1	4.7	2.0	0.9
韓國	6.3	5.1	2.6	2.2
新加坡	4.0	4.5	2.5	3.0
中低所得國家	1.5	5.1	4.0	2.8
中國	8.8	9.9	8.0	5.7
印尼	2.6	3.7	4.3	2.7
馬來西亞	4.4	3.1	2.9	1.5
菲律賓	0.4	2.9	3.6	2.1
泰國	3.7	4.4	2.3	1.2
越南	5.5	5.8	4.9	4.7

歷年實質月薪

　　1980-1989年臺灣每人每月實質總薪資[4]快速飆漲，經常呈現兩位數增長。1980年到1989年工業與服務業的每人每月實質總薪資增加15,362元到33,391元，工業的每人每月實質總薪資增加14,574元到31,304元，服務業的每人每月實質總薪資增加16,094元到36,836元。1989年服務業的每人每月實質總薪資比工業要高出5,532元。

　　1990年以後，臺灣工業與服務業的每人每月實質總薪資成長率快速減緩，1995年以後都維持在5%以下的成長率。1990年到1999年工業與服務業的每人每月實質總薪資增加11,611元到48,313元，工業的每人每月實質總薪資增加11,261元到45,504元，服務業的每人每月實質總薪資增加10,759元到51,138元。1999年服務業的每人每月實質總薪資仍比工業要高出5,634元。

　　臺灣每人每月實質總薪資從2000年以後成長非常緩慢、甚至倒退。2014年工業與服務業的每人每月實質總薪資只有48,394元，比2000年的48,942元還低。2016年以後，每人每月實質總薪資才突破50,000元，之後再加速成長到2022年的53,741元，並創歷史新高。

4　實質總薪資指受僱員工總薪資經消費者物價指數平減後之金額。計算方式如下：
　　實質總薪資＝（計算期之總薪資／計算期消費者物價指數）×100。

　　在過去22年的歷史當中，臺灣每人每月實質總薪資的成長動能主要來自工業，尤其表現在最近八年。2000年工業每人每月實質總薪資為46,221元，到2014年為47,410元，過去15年僅僅微幅成長1,189元；2022年增加到54,877元，相較於2014年，短短8年期間增加7,467元，增長15.7%。

　　相對的，2000年臺灣服務業每人每月實質總薪資為51,647元，比當年工業每人每月實質總薪資高出5,426元；2014年，服務業為49,083元，仍高出工業1,673元。2021年服務業為53,133元，從1980年以來第一次低於工業（53,967元）；兩者差距834元。2022年服務業為52,924元，工業為54,877元，兩者差距倍增到1,953元。

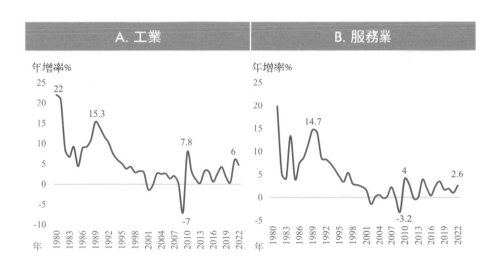

圖 1-2 ▶ 每人每月實質總薪資（年增率）

2000-2015年臺灣的實質薪資幾乎都停滯成長。直至最近七年，工業與服務業的實質總薪資略為加快成長，主要受益於工業實質薪資成長；特別是最近兩年工業實質薪資成長（2021年與2022年分別為6.0%與4.7%）。服務業實質薪資長期停滯成長，是實質總薪資停滯成長的主因。

依時期分

1990-1999年臺灣工業與服務業的每人每月平均實質總薪資快速成長，每人每月平均實質總薪資為43,429元，期間增加11,611元；工業為40,982元，期間增加11,261元；服務業為46,316元，期間增加10,759元。

2000-2007年臺灣工業與服務業的每人每月平均實質總薪資成長幾乎停滯；其中，工業微幅成長，但是服務業卻呈現衰退。每人每月平均實質總薪資為49,042元，期間僅僅增加104元；工業為46,829元，期間增加1,662元；服務業為51,130元，期間反而減少1,597元。

2008-2015年臺灣工業與服務業每人每月平均實質總薪資衰退；其中，工業停滯，服務業更加衰退。每人每月平均實質總薪資為47,703元，期間衰退1,558元；工業為46,597元，期間僅僅增加60元；服務業為48,591元，期間衰退3,326元。

2016-2022年臺灣工業與服務業每人每月平均實質總薪資恢復成長動能；其中，工業增長大約是服務業的兩倍。每人每月平均實質總薪資為51,873元，期間增加4,475元；工業為51,654元，期間增加6,223元；服務業為52,038元，期間增加3,194元。

表 1-4　**各主要時期每人每月實質總薪資（1990-2022）**

單位：元

時間	工業與服務業		工業		服務業	
	金額	差距	金額	差距	金額	差距
1990-1999	43,429	11,611	40,982	11,261	46,316	10,759
2000-2007	49,042	104	46,829	1,662	51,130	-1,597
2008-2015	47,703	-1,558	46,597	60	48,591	-3,326
2016-2022	51,873	4,475	51,654	6,223	52,038	3,194

全球實質月薪成長率比較

　　如果比較最近7年（2016-2022年）臺灣與世界各國實質薪資成長率，臺灣的表現改善很多，但是成長仍然很緩慢。2006-2022年，臺灣年均實質月薪成長率只有0.6%，低於全球平均值的1.8%、東歐的4.2%、北美的0.7%、亞太的3.3%、拉美及加勒比海的0.8%、中非與西非的4.7%、中國的8.0%、新加坡的1.6%、韓國的1.3%、印尼的2.2%、越南的5.0%、泰國的2.5%，與歐盟的0.6%相同，僅略高於非洲的0.1%與香港的0.4%。

　　再分時期看，2006-2015年臺灣年均實質薪資成長率處於低迷的0.2%，低於上述各地區與國家的平均成長率；2016-2022年加速成長到1.1%，已經領先歐盟地區、北美、拉美與加勒比海、非洲、香港及泰國，顯示臺灣的薪資成長動能略微恢復。

表 1-5 年均全球實質月薪成長率（2006-2022）

單位：年增率（%）

時間	2016	2017	2018	2019	2020	2021	2022	2006-2022	2006-2015	2016-2022
臺灣	-0.9	1.8	2.4	1.4	1.6	1.0	0.5	0.6	0.2	1.1
全球	2.0	1.4	1.9	2.0	1.5	1.8	-0.9	1.8	2.1	1.4
歐盟 （含英國）	2.0	0.8	1.2	1.7	0.3	1.2	-2.2	0.6	0.5	0.7
東歐	3.0	5.3	8.1	5.6	4.0	3.3	-3.3	4.2	4.5	3.7
北美	0.6	0.7	0.8	1.0	4.3	0.0	-3.2	0.7	0.7	0.6
亞太	4.2	3.2	3.3	3.0	1.0	3.5	1.3	3.3	3.7	2.8
拉美與 加勒比海	0.3	-0.1	0.5	-0.3	3.3	-1.4	-1.7	0.8	1.3	0.1
中非與西非	6.2	1.1	1.0	3.9	-1.6	12.4	2.5	4.7	5.4	3.6
非洲	-1.3	-3.4	-3.4	-1.2	-10.5	-1.4	-0.5	0.1	2.4	-3.1
中國	5.5	5.9	7.0	5.6	4.6	7.6	2.0	8.0	9.7	5.5
香港	0.4	1.3	2.5	0.9	-1.0	-1.1	n.a.	0.4	0.3	0.5
新加坡	4.3	2.5	3.0	2.0	1.6	1.3	n.a.	1.6	1.0	2.4
韓國	2.8	0.8	3.5	2.8	-1.8	2.4	1.1	1.3	1.0	1.7
印尼	19.2	3.5	-0.1	0.2	-7.3	-2.2	-0.7	2.2	2.4	1.8
越南	4.3	4.1	3.7	13.2	-4.1	-3.5	3.4	5.0	6.4	3.0
泰國	1.6	-0.7	0.3	1.6	2.8	-0.3	-0.5	2.5	3.7	0.7

所得分配

　　除了經濟增長與所得增長之外，更要注重所得分配，這會影響社會正義與穩定。在過去32年的經濟發展當中，臺灣的所得分配維持相對穩定。1990-1999年，年均古尼係數（Gini Coefficient）[5]只有0.317；2000-2007年，年均古尼係數略微增加到0.340；2008-2015年，年均吉尼係數維持在0.340；2016-2021年，年均吉尼係數微幅下降到0.339，但比前面兩個時期並沒有顯著變化。

　　再與其他國家比較，已開發國家英國及美國的古尼係數均高於臺灣，韓國略低於臺灣，發展中國家的中國、印尼、馬來西亞、菲律賓、泰國與越南均普遍高於臺灣。相較於這些國家，臺灣是一個所得分配較平均的國家。

---

5 吉尼係數（Gini coefficient）介於0和1之間。吉尼係數最大為「1」，最小為「0」。吉尼係數越小，年所得分配越平均；吉尼係數越大，年所得分配越不平均。

表 1-6 吉尼係數國際比較（1990-2021）

國家（地區）	1990-1999	2000-2007	2008-2015	2016-2021
臺灣	0.317	0.340	0.340	0.339
英國	0.360	0.362	0.336	0.350
日本			0.333	
美國	0.397	0.407	0.408	0.413
韓國		0.317	0.318	0.314
中國	0.350	0.415	0.413	0.386
印尼	0.331	0.332	0.390	0.383
馬來西亞	0.484	0.456	0.430	
菲律賓		0.472	0.458	0.423
泰國	0.440	0.418	0.384	0.359
越南	0.356	0.365	0.363	0.355

以產業區分

　　1990年臺灣農業產值為1,795億元、占GDP的比率（占比）為4.0%；工業產值為17,582億元、占比為39.3%；服務業產值為25,452億元、占比為56.9%；資通訊（Information and Communication Technology,

ICT）產業[6]產值為2,555億元、占比為5.7%。

2000年臺灣農業產值為2,084億元、占比為2.0%；工業產值為31,975億元、占比為31.0%；服務業產值為69,292億元、占比為67.1%；ICT產業產值為11,259億元、占比為10.9%。

2008年臺灣農業產值為2,039億元、占比為1.6%；工業產值為39,998億元、占比為30.5%；服務業產值為87,547億元、占比為66.8%；ICT產業產值為19,801億元、占比為15.1%。

2016年臺灣農業產值為3,275億元、占比為1.9%；工業產值為64,721億元、占比為36.9%；服務業產值為107,557億元、占比為61.3%；ICT產業產值為31,402億元、占比為17.9%。

2021年臺灣農業產值為3,108億元、占比為1.4%；工業產值為84,405億元、占比為38.8%；服務業產值為130,248億元、占比為59.9%；ICT產業產值為45,848億元、占比為21.1%。

2022年臺灣農業產值為3,198億元、占比為1.4%；工業產值為137,507元億、占比為37.7%；服務業產值為137,507億元、占比為60.6%。

6　根據主計總處，「ICT資通訊產業」範圍包括：「CR.電子零組件製造業」、「CS.電腦、電子產品及光學製品製造業」、「JB.電信業」及「JC.電腦相關及資訊服務業」4中業。鑑於網際網路與通信科技蓬勃興起，帶動資訊與通信科技（Information and Communication Technology, ICT）發展。為衡量ICT產業對經濟社會所帶來的改變及影響，我國參考OECD分類定義，以及美國與南韓等主要國家彙編方式，自2010年起，配合國民所得統計年修正機制，採國民所得統計中業別為ICT產業界定之基礎。參考主計總處，https://www.dgbas.gov.tw/News_Content.aspx?n=3987&s=103044。

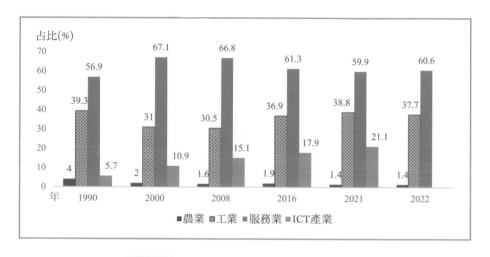

圖 1-3 **各產業產值占 GDP 的比率**
（1990、2000、2008、2021、2022）

再以不同時期區觀察各產業發展的趨勢。1990-1999年，臺灣農業的年均增長率為2.4%、占比為3.2%；工業年均增長率為6.4%、占比為34.9%，特別是ICT產業年均增長率為15.7%、占比為6.8%；服務業年均增長率為11.4%、占比62.0%。

2000-2007年，臺灣農業快速衰退、年均增長率為負2.4%、占比為1.7%；工業維持穩健成長、年均增長率為4.5%、占比為31.3%；ICT產業仍維持高速增長、年均增長率為10.2%、占比增加幾乎一倍到12.7%；服務業維持緩和增長、年均增長率為3.7%、占比增加到67.0%。

2008-2015年，臺灣農業恢復穩健發展、年均增長率為5.7%、占比仍維持在1.7%；工業維持穩健成長、年均增長率為4.9%、占比增加1.8個百分點到33.1%；ICT產業則穩健增長、年均增長率為5.8%、占

比再增加3個百分點到15.7%；服務業年均增長率略為下降到2.4%、占比也下降2.3個百分點到64.7%。很明顯地，這時期服務業占比下降2.3個百分點；相對的，ICT產業占比增長3個百分點。

2016-2022年，臺灣農業增長持續低迷、年均增長率為1.1%、占比再微幅下降到1.6%；工業仍維持穩健成長、年均增長率為4.9%、占比卻擴大4個百分點到37.1%；ICT產業則穩健增長、年均增長率為7.6%、占比再增加2.8個百分點到18.5%，占全部工業的一半；服務業年均增長率略為上升到3.9%、占比卻持續下降3.4個百分點到61.3%。很明顯地，這時期服務業與ICT產業表現持續分殊。

表1-7 ▶ **各產業國內生產毛額（1990-2022）**

項目類別	農業			工業			服務業			ICT 產業		
	數額	年增率	占比	數額	年增率	占比	數額	年增率	占比	數額	年增率	占比
單位	億元	%	%	億元	%	%	億元	%	%	億元	%	%
1990-1999	2,160	2.4	3.2	24,437	6.4	34.9	44,783	11.4	62.0	5,048	15.7	6.8
2000-2007	1,955	-2.4	1.7	35,905	4.5	31.3	76,550	3.7	67.0	14,666	10.2	12.7
2008-2015	2,509	5.7	1.7	48,987	4.9	33.1	94,976	2.4	64.7	23,269	5.8	15.7
2016-2022	3,187	1.1	1.6	72,731	4.9	37.1	120,053	3.9	61.3	35,444	7.6	18.5

產業結構四大變化

整體而言，過去32年臺灣的產業結構產生四大變化：

第一，農業占比從1990年的4.0%，歷經10年折半到2000年的2.0%，此後繼續緩步降低，到2022年只剩下1.4%，這20年共衰退0.6個百分點。

第二，工業占比則從1990年的39.3%，歷經11年的急速衰退（10.4個百分點）到2001年的28.9%。不過，2009年工業占比為30.7%，到2015年增加到36.2%，2022年再增加到37.7%，幾乎回到1990年代初期的比重。過去32年，臺灣經濟經歷「去工業化」[7]與「再工業化」。

第三，工業當中，最關鍵的部門是ICT產業。1990年ICT產業占比只有5.7%，在1990年代中期快速成長到2001年的10.1%，2009年再擴張到14.2%，2015年微幅爬升到17.6%，2021年則來到21.1%。

第四，服務業與工業的發展方向相反。服務業占比從1990年的56.9%，歷經11年急速擴張（12.3個百分點）到2001年的69.2%，並達歷史高峰；惟2022年只有60.6%，幾乎回到1993年的60.2%。

---

[7] 去工業化（deindustrialization）或產業空洞化，指一個國家的經濟活動中工業比例顯著下降的過程。

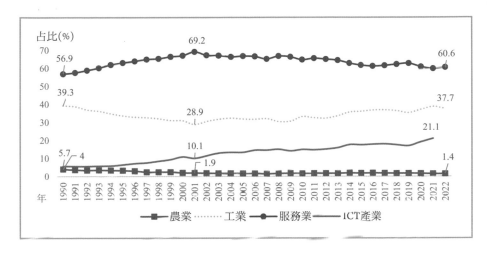

圖 1-4 各產業占 GDP 比重

GDP各支出項目對臺灣經濟成長的貢獻

　　再分析GDP各項目對臺灣經濟成長的貢獻度[8]。1990-1999年，年均經濟成長率為6.6%，其中消費貢獻3.9個百分點、投資貢獻1.6個百分點、政府支出貢獻1.5個百分點、淨出口貢獻負0.1個百分點、出口貢獻3.5個百分點。在1990年代，各個支出項目都發揮相當的貢獻度，特別是消費與出口的貢獻度。

---

8 貢獻度係指各項指標成長率乘以各指標所占權重，故各指標貢獻度之和等於實質GDP 成長率。

29

2000-2007年，臺灣年均經濟成長率為4.9%，其中消費貢獻1.8個百分點、投資貢獻0.6個百分點、政府支出貢獻負0.1個百分點、淨出口貢獻2.7個百分點、出口貢獻5.9個百分點。這時期經濟成長率顯著減少1.7個百分點，主要是國內需求三部引擎大幅衰退4.7個百分點，反倒是淨出口及出口對經濟成長的貢獻度大幅增加到2.7個百分點與5.9個百分點。

2008-2015年，臺灣年均經濟成長率再減少到3.0%，其中消費貢獻1.1個百分點、投資貢獻0.3個百分點、政府支出貢獻0.2個百分點、淨出口貢獻1.4個百分點、出口貢獻3.3個百分點。這時期經濟成長率顯著減少1.9個百分點，國內外需求同步減少，國內需求三部引擎繼續微幅衰退0.7個百分點，淨出口及出口的貢獻度也降低到1.4個百分點與3.3個百分點。

2016-2022年，臺灣年均經濟成長率微幅增加到3.4%，其中消費貢獻0.7個百分點、投資貢獻1.4個百分點、政府支出貢獻0.4個百分點、淨出口貢獻0.8個百分點、出口貢獻2.2個百分點。這時期經濟成長率微幅增加0.4個百分點，主要是投資貢獻度大幅增加1.1個百分點，但是消費仍持續衰退0.4個百分點，淨出口及出口的貢獻度也再降低到0.8個百分點與2.2個百分點。

再以百分比分析GDP各支出項目對臺灣經濟成長的貢獻率[9]。1990-1999年，經濟成長率為6.6%，消費貢獻率為59.1%、投資貢獻率

---

9 貢獻率係以實質GDP成長率為分母，各項指標成長率乘以各指標所占權重為分子所計算之結果，故各項指標成長貢獻率之和等於100%。

表1-8 GDP 各支出項目對經濟成長的貢獻度（1990-2022）

單位：%

時間	經濟成長率	消費	投資	政府支出	淨出口	出口
1990-1999	6.6	3.9	1.6	1.5	-0.1	3.5
2000-2007	4.9	1.8	0.6	-0.1	2.7	5.9
2008-2015	3.0	1.1	0.3	0.2	1.4	3.3
2016-2022	3.4	0.7	1.4	0.4	0.8	2.2

為23.6%、政府支出貢獻率為22.8%、淨出口貢獻率為負1.1%、出口貢獻率為52.3%。

　　2000-2007年，消費、投資與政府支出對經濟成長的貢獻率顯著下滑，只剩淨出口支撐經濟成長動能。經濟成長率為4.9%，消費貢獻率下滑至36.3%、投資貢獻率下滑至11.8%、政府支出貢獻率逆轉為負1.5%、淨出口貢獻率大幅提高到55.5%、出口貢獻率提高到119.7%。

　　2008-2015年臺灣經濟成長的貢獻率結構，大致維持上個時期。經濟成長率為3.0%，消費貢獻率維持在36.2%、投資貢獻率再微幅下滑至9.3%、政府支出貢獻率為5.5%、淨出口貢獻率維持在47.5%、出口貢獻率維持在109.7%。

　　2016-2022年消費與出口對臺灣經濟成長的貢獻率明顯下降、投資貢獻率則顯著提高。經濟成長率微幅提高到3.4%，消費貢獻率顯著下降到21.6%、投資貢獻率則提高到41.9%、政府支出貢獻率為12.3%、淨出口貢獻率顯著下降到24.8%、出口貢獻率顯著下降到64.7%。

　　總體而言，臺灣經濟成長率從1990年代的6.6%下滑到2016-2022年的3.4%，消費貢獻率從1990年代的59.1%下滑到2016-2022年的21.6%是顯著因素。最近7年臺灣經濟成長率從2008-2015年的3.0%微幅升高到2016-2022年的3.4%，投資顯著增加是關鍵因素。

表1-9 ▶ GDP 各支出項目對經濟成長的貢獻率（1990-2022）

單位：%

	經濟成長率	消費	投資	政府支出	淨出口	出口
1990-1999	6.6	59.1	23.6	22.8	-1.1	52.3
2000-2007	4.9	36.3	11.8	-1.5	55.5	119.7
2008-2015	3.0	36.2	9.3	5.5	47.5	109.7
2016-2022	3.4	21.6	41.9	12.3	24.8	64.7

各產業對臺灣經濟成長的貢獻

　　再分析各產業對臺灣經濟成長的貢獻度。1990-1999年，臺灣年均經濟成長率為6.6%，其中農業貢獻為零、工業貢獻1.7個百分點，工業的貢獻絕大部分都來自製造業（1.4個百分點）及ICT產業（1.1個百分點）。服務業貢獻4.8個百分點。很明顯的，促進經濟成長的最大功臣是服務業，其次是ICT產業。

　　2000-2007年，臺灣年均經濟成長率減少1.7個百分點到4.9%，其中農業貢獻依然是零、工業貢獻增加0.6個百分點到2.3個百分點，工業的貢獻絕大部分都來自製造業（2.2個百分點）、ICT產業（2.0個百分點）。服務業貢獻2.6個百分點。比起上時期，經濟成長率減緩1.7個百分點的最關鍵因素是，服務業貢獻度減少2.2個百分點，而ICT產業貢獻度增加0.9個百分點，則抵銷經濟成長率的大幅減緩。

　　2008-2015年，臺灣年均經濟成長率減少1.9個百分點到3.0%，其中農業貢獻依然是零、工業貢獻減少0.6個百分點，只剩1.7個百分點，工業的貢獻絕大部分來自製造業（1.7個百分點）及ICT產業（1.5個百分點）。服務業貢獻再減少1.2個百分點，只剩1.4個百分點。比起上個時期，經濟成長率減緩1.9個百分點的最關鍵因素是，服務業貢獻度減少1.2個百分點；ICT產業貢獻度同步滑落0.5個百分點，亦是重要因素。

　　2016-2022年，臺灣年均經濟成長率增加0.4個百分點到3.4%，其中農業貢獻依然是零、工業貢獻微幅增加0.1個百分點到1.8個百分點，工業的貢獻絕大部分來自製造業（1.7個百分點）、ICT產業（1.6個百分點）。服務業貢獻也微幅增加0.1個百分點到1.5個百分點。比起上時期，經濟成長率回溫0.4個百分點主要是服務業與ICT產業微幅擴張的結果。

表 1-10 ▶ **各產業經濟成長率貢獻度（1990-2022）**

單位：%

時間	經濟成長率	農業	工業	製造業	ICT產業	服務業
1990-1999	6.6	0.0	1.7	1.4	1.1	4.8
2000-2007	4.9	0.0	2.3	2.2	2.0	2.6
2008-2015	3.0	0.0	1.7	1.7	1.5	1.4
2016-2022	3.4	0.0	1.8	1.7	1.6	1.5

　　再以百分比分析各產業對臺灣經濟成長的貢獻率。1990-1999年，經濟成長率為6.6%，農業貢獻率為負0.1%、工業貢獻率為26.4%、製造業貢獻率為20.8%、ICT產業貢獻率為16.6%、服務業貢獻率為73.1%。很明顯的，服務業是1990年代經濟快速增長的關鍵因素。

　　2000-2007年，臺灣經濟成長率為4.9%，農業貢獻率為0.3%、工業貢獻率為46.0%、製造業貢獻率為45.3%、ICT產業貢獻率為39.4%、服務業貢獻率為53.4%。很明顯地，服務業貢獻率衰退19.7%，是經濟成長率減緩的關鍵因素。而工業貢獻率增加19.6%，幾乎都是製造業貢獻（24.5%），更精準地說是ICT產業（22.8%）。

　　2008-2015年，臺灣經濟成長率降到3.0%，農業貢獻率為負0.3%、工業貢獻率為58.0%、製造業貢獻率為57.6%、ICT產業貢獻率為50.5%、服務業貢獻率為45.4%。再次印證，即使工業貢獻率大幅增加12個百分點，仍無法推升經濟成長率，因為服務業貢獻率下降8個百分點；同時，工業貢獻率增加（12%）幾乎都是製造業貢獻（12.3%），更精

準說是ICT產業（11.1%）。

2016-2022年，各產業對臺灣經濟成長的貢獻率大致與上個時期相同。經濟成長率微幅提高到3.4%，農業貢獻率為負0.4%、工業貢獻率為54.1%、製造業貢獻率為50.4%、ICT產業貢獻率為47.8%、服務業貢獻率為44.9%。即使ICT產業占GDP的比率僅18.5%、遠低於服務業占比（61.3%），但是ICT產業對臺灣經濟增長的貢獻率已經超越服務業。

觀察各產業在過去32年對臺灣經濟成長率的貢獻，農業貢獻率趨近於零；工業貢獻率從1990年代的26.4%，增加到2000-2007年的46.0%，再增加到2008-2015年的58.0%，2016-2022年則微幅下降到54.1%，且主要都是製造業貢獻，更精準地說是ICT產業；服務業貢獻率則從1990年代的73.1%，逐年下降到2000-2007年的53.4%、2008-2015年的45.4%、2016-2022年的44.9%。

表 1-11 　各產業經濟成長率的貢獻率（1990-2022）

單位：%

時間	經濟成長率	農業	工業	製造業	ICT產業	服務業
1990-1999	6.6	-0.1	26.4	20.8	16.6	73.1
2000-2007	4.9	0.3	46.0	45.3	39.4	53.4
2008-2015	3.0	-0.3	58.0	57.6	50.5	45.4
2016-2022	3.4	-0.4	54.1	50.4	47.8	44.9

計量分析

　　針對GDP需求面與供給面的變數進行量化分析，以釐清各變數對臺灣經濟成長的貢獻。本文採用1981年至2022年之間的每季資料，分析當期消費貢獻率、投資貢獻率、農業貢獻率、工業貢獻率及服務業貢獻率對下期經濟成長率的貢獻。

　　首先，在進行實證追蹤資料時，通常忽略檢定該變數是否為定態（stationary）序列。這很可能發生假性迴歸（spurious regression），即將彼此無關聯的變數，錯誤解讀為具有因果關係（Granger and Newbold, 1974）。單根檢定（unit root test）結果顯示，所有變數的水準值，皆顯著拒絕序列存在單根現象的虛無假設。這表示：本文選取的實證變數均為定態序列。

表 1-12 定態變數之單根檢定

項目類別	ADF	PP
經濟成長率	-5,352***	-3.530**
消費貢獻率	-3.475**	-4.871***
投資貢獻率	-4.941***	-4.276***
農業貢獻率	-7.955***	-8.008***

項目類別	ADF	PP
工業貢獻率	-5.135**	-3.537**
服務業貢獻率	-4.056***	-5.184***

說明：

1. ADF＝Augmented Dickey-Fuller。PP＝Phillips-Perron。***、**分別表示在α＝1%、5%的顯著水準下，以雙尾檢定拒絕虛無假設。
2. 檢定型態為包含常數項且含趨勢項，最適落後期數依據Schwarz (1978)訊息準則。
3. 資料為季資料。

　　再者，普通最小平方法（ordinary least squares, OLS）的殘差序列，顯著拒絕自我相關（autocorrelation）與同質變異（homoskedasticity）的虛無假設，顯示估計值存在偏誤。準此，我們改採自我迴歸條件異質變異數模型（autoregressive conditional heteroskedasticity model, ARCH model）。結果顯示，投資貢獻率每增加1個百分點，則下季經濟成長率將提升0.394個百分點，消費貢獻率每增加1個百分點，則下季經濟成長率將提升0.205個百分點，且達到統計顯著關係（$p<0.01$）。特別是，投資貢獻率對經濟成長率的促進效果，高於消費貢獻率的0.189個百分點。

表 1-13 ▶ 消費率與投資率對經濟成長率之貢獻檢定

項目類別	OLS 模型	ARCH 模型
投資貢獻率 (-1)	0.831 (0.129)***	0.394 (0.121)***
消費貢獻率 (-1)	0.268 (0.171)	0.205 (0.117)***

項目類別	OLS 模型	ARCH 模型
截距項	6.445 (6.445)***	7.464 (0.552)***
時間趨勢項	-0.030 (0.006)***	-0.334 (0.004)***
觀察值	167	167
調整後判定係數 (R^2)	0.510	0.446
聯合檢定	58.695***	496,719***
殘差序列自我相關檢定	71.843***	0.201
殘差序列異質變異檢定	23.263***	0.017

說明：

1. 被解釋變數為GDP。-1表示解釋變數落後被解釋變數1期。括弧內數字為迴歸標準誤。***、**分別表示在α＝1%、5%的顯著水準下，以雙尾檢定拒絕虛無假設。
2. 殘差序列自我相關與異質變異分別採取Ljung and Box (1978)與Engle (1982)的ARCH檢定。Ljung and Box為Q統計量，ARCH與聯合檢定為F統計量。

　　在各產業對經濟成長的貢獻方面，OLS的殘差序列同樣顯著拒絕自我相關與同質變異的虛無假設，顯示估計值存在偏誤，故我們改採ARCH模型。結果顯示，工業貢獻率每增加1個百分點，則下季經濟成長率將提升0.780個百分點，服務業貢獻率每增加1個百分點，則下季經濟成長率將提升0.382個百分點，且達到統計顯著關係（$p < 0.01$）。特別是，工業貢獻率對經濟成長率的促進效果，高於服務業貢獻率0.398個百分點。至於農業貢獻率對下季經濟成長率的影響為0.313，但未達統計上的顯著水準（$p > 0.1$）。

表 1-14 ▶ **各產業對經濟成長率之貢獻檢定**

項目類別	OLS 模型	ARCH 模型
農業貢獻率 (-1)	-0.712 (1.219)	0.313 (1.635)
工業貢獻率 (-1)	0.870 (0.086)***	0.780 (0.094)***
服務業貢獻率 (-1)	0.506 (0.125)***	0.382 (0.126)***
截距項	3.480 (0.725)***	4.485 (0.671)***
時間趨勢項	-0.020 (0.005)***	-0.024 (0.053)***
觀察值	159	159
調整後判定係數 (R^2)	0.701	0.693
聯合檢定	93.679***	306.321***
殘差序列自我相關檢定	14.971***	0.567
殘差序列異質變異檢定	15.649***	0.160

說明：

1. 被解釋變數為GDP。-1表示解釋變數落後被解釋變數1期。括弧內數字為迴歸標準誤。***、**分別表示在α＝1%、5%的顯著水準下，以雙尾檢定拒絕虛無假設。

2. 殘差序列自我相關與異質變異分別採取Ljung and Box (1978)與Engle (1982)的ARCH檢定。Ljung and Box為Q統計量，ARCH與聯合檢定為F統計量。

小結

1970年代臺灣經濟成長率平均10.9%，1980年代為8.5%，1990年代為6.6%，2000年以後經濟成長動能便急速下降。2000-2007年為4.9%，2008-2015年為3.0%，最近7年經濟成長動能略微回升，2016-2022年的年均經濟成長率爬升回3.4%。

2000年以後臺灣經濟成長速度減緩，人均GDP也隨之減緩，到最近幾年才恢復成長動能。1990-1999年人均GDP年均成長率為6.3%，2000-2007年為3.4%，2008-2015年為3.3%，2016-2022年為5.5%。2022年人均GDP增加到32,811美元，從2003年以來第一次超越韓國人均GDP。

然而，過去22年臺灣實質薪資成長非常有限，服務業是實質薪資長期停滯成長的主因。2006-2015年年均實質薪資成長率處於低迷的0.2%，低於歐盟、北美及亞太主要經濟體。最近幾年實質薪資略為快速成長，主要受益於工業實質薪資成長，且2021年工業的實質薪資從1980以來首次超越服務業。2016-2022年年均實質薪資成長率加速成長到1.1%，已領先歐盟、北美、拉美與加勒比海、非洲、香港及泰國。

儘管經濟成長與人均所得增長有變化，臺灣的所得分配基本穩定，1990年代吉尼係數年均為0.317，2000-2022年均維持在0.34。相較於已開發國家英國及美國、發展中國家的中國、印尼、馬來西亞、菲

律賓、泰國與越南,臺灣是一個所得分配較平均的國家。

過去32年臺灣的產業結構產生四大變化:

第一,農業占臺灣GDP的比率從1990年的4.0%到2022年只剩下1.4%。

第二,工業占比則從1990年的39.3%急速衰退到2001年的28.9%,2022年逆轉增加到37.7%,臺灣經濟經歷「去工業化」與「再工業化」。

第三,ICT產業急速擴張,1990年占比只有5.7%,2021年則擴張到21.1%。

第四,服務業占比從1990年的56.9%急速擴張到2001年的歷史高峰69.2%;2022年逆轉到只有60.6%,幾乎回到1993的60.2%。

從GDP各支出項目對經濟成長率的貢獻分析,臺灣經濟成長率從1990年代的6.6%下滑到2016-2022年的3.4%,消費貢獻率從1990年代的59.1%下滑到2016-2022年的21.6%,消費貢獻率巨幅下降是經濟成長率減緩的顯著因素。最近7年經濟成長率從2008-2015年的3.0%微幅升高到2016-2022年的3.4%,投資顯著增加是關鍵因素,貢獻率從9.3%快速增長到41.9%。

實證結果支持上述觀察。根據ARCH模型分析,投資貢獻率每增加1個百分點,則下季經濟成長率將提升0.394個百分點,消費貢獻率每增加1個百分點,則下季經濟成長率將提升0.205個百分點,且達到統計顯著關係($p<0.01$)。

再者,過去32年臺灣經濟成長率變化主要因素有二:服務業衰退的負面影響與ICT產業增長的正面貢獻;尤其服務業衰退是2000年以後經濟成長率減緩的最關鍵因素。此外,2016-2022年,ICT產業僅占

GDP比重的18.5%，遠低於服務業的61.3%，但是ICT產業對經濟增長的貢獻率（47.8%）已經超越服務業（44.9%）。

　　實證結果證實上述觀察。根據ARCH模型分析，工業貢獻率每增加1個百分點，則下季經濟成長率將提升0.780個百分點，服務業貢獻率每增加1個百分點，則下季經濟成長率將提升0.382個百分點，且達到統計顯著關係（$p<0.01$）。

消費

CHAPTER 2

歷年消費

　　臺灣的消費在1980年代與1990年代快速增加，2001年之後開始衰退。1990年消費為31,479億元、占GDP的比率（消費率）為70.4%；2000年消費為73,306億元、消費率為71%；2008年消費為92,612億元、消費率為70.6%；2016年消費為115,643億元、消費率顯著下降到65.9%；2022年消費為134,527億元、消費率顯著下降到59.2%。

　　1990年至2012年，消費率大致都維持在70%上下，2001年消費率達到高峰的73.8%。2012年後，消費率便顯著下滑，2013年到2019年消費率平均為66.6%。受到COVID-19疫情衝擊，2020年至2022年消費率平均59.8%。2021年消費率只有58.1%，是1981年來最低，2022年消費率為59.2%。

　　隨著消費率下滑，消費對經濟成長的貢獻也逐漸減少。1980-1989年臺灣消費對GDP成長的貢獻度為4.7個百分點。到1990年代，消費對GDP成長的貢獻度減少到3.9個百分點，此後更急遽下滑。2000年代的貢獻度為1.3個百分點，2008年的貢獻度為負0.9個百分點，是從1981年以來第一次出現負值。2010年代的貢獻度為1.5個百分點。2020-2021年的貢獻度再次出現負值，分別為負1.3個百分點與負0.2個百分點。2022年消費的貢獻度轉為正成長1.6個百分點。

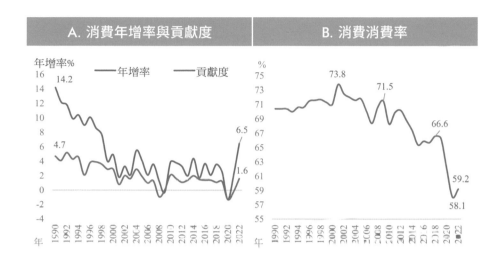

| A. 消費年增率與貢獻度 | B. 消費消費率 |

圖 2-1 消費的年增率、貢獻度與消費率（1990-2022）

依不同時期區分

　　1990年至1999年，臺灣消費年均增長率為9.8%，對GDP成長的貢獻度達3.9個百分點，消費率更高達70.8%。

　　2000年至2007年，臺灣消費年均增長率降到3.4%，對GDP成長率的貢獻度也折半到1.8個百分點，消費率微幅提升到71.4%。

　　2008年至2015年，臺灣消費年均增長率繼續降到2.5%，且對GDP成長率的貢獻度再下降到1.1個百分點，消費率也微幅下降到69.0%。

　　2016年至2022年，臺灣消費年均增長率提高到2.7%，但對GDP成長率的貢獻度再下降到0.7個百分點，消費率更大幅下降5.6個百分點到63.4%。

表2-1 ▶ 消費（1990-2022）

項目類別	數額	年增率	對 GDP 貢獻度	消費率
單位	億元	%	百分點	%
1990-1999	50,661	9.8	3.9	70.8
2000-2007	81,589	3.4	1.8	71.4
2008-2015	101,233	2.5	1.1	69.0
2016-2022	123,726	2.7	0.7	63.4

國際比較

　　臺灣消費率從1990年代的70.8%，微幅增加到2000-2007年的71.4%；2008-2015年則微幅衰退到69.0%。特別是，2016-2021年更顯著衰退到64.1%。不過這很可能受到COVID-19疫情的影響，導致2020年至2021年的消費滑落，疫情後預計逐步恢復成長。

　　與高所得國家相比，2016-2021年英國、日本、美國、香港的消費率普遍高於臺灣；韓國維持與臺灣相同的消費率，新加坡（45%）則遠低於臺灣。在中低所得國家之中，除了中國的消費率平均為55.1%，其他國家的消費率都高於臺灣。

表2-2　消費率國際比較（1990-2021）

國家（地區）	1990-1999	2000-2007	2008-2015	2016-2021
臺灣	70.8	71.4	69.0	64.1
英國	84.5	83.9	85.0	83.2
日本	67.2	72.2	76.6	74.6
美國	79.7	82.0	83.6	81.9
香港	68.0	68.1	72.8	78.1
韓國	62.3	66.0	65.4	64.1
新加坡	51.0	52.6	47.3	45.0
中國	60.4	57.2	51.0	55.1
印尼	71.6	72.5	66.6	66.6
馬來西亞	59.4	56.5	62.7	70.1
菲律賓	81.8	82.8	82.3	86.5
泰國	64.3	68.4	68.8	67.4
越南	79.7	71.8	69.7	66.8

消費者物價

　　臺灣的物價一直維持相對穩定。1990-1996年消費者物價指數
（consumer price index, CPI）年均成長率飆高到3.7%，但1997年至2022
年便維持在1-2%。2008年CPI成長率一度衝上高峰，達3.5%、隔年驟
跌到低谷的負0.9%。不過，受到COVID-19疫情與美國貨幣政策的衝
擊，2021年的CPI成長率達到2.0%，2022年再增加到3.0%，是近14年
來的新高。

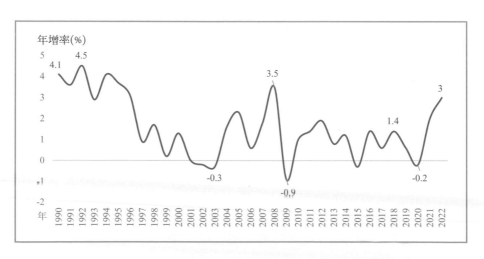

圖2-2　　**消費者物價指數年增率（1990-2022）**

小結

　　臺灣的消費在1980年代與1990年代快速增加，2000年之後消費成長率與消費率都迅速放緩。1980年代消費率平均為65.4%，1990年至2012年大致都維持在70%上下，2001年達到高峰的73.8%。2013年到2019年平均為66.6%，2020年至2022年平均在59.8%。2021年的消費率只有58.1%，是1981年來最低，2022年的消費率為59.2%。

　　檢視消費對GDP成長的貢獻度，1980年代平均為4.7個百分點、1990年代減少到3.9個百分點。此後消費對GDP成長的貢獻度更急遽下滑，2000-2007年萎縮到1.8個百分點，2008年更首次出現負值（負0.9個百分點）。受到COVID-19的疫情影響，2020-2021年消費的貢獻度再次出現負值，分別為負1.3百分點與負0.2百分點；2022年方轉為1.6個百分點的正成長。

　　放眼國際，2016-2021年，臺灣消費率高於新加坡與中國，並與韓國持平，但普遍低於其他國家，含括英國、日本、美國、香港、印尼、馬來西亞、菲律賓、泰國與越南。

　　所幸的是，臺灣的物價相對穩定，除了1990年代略高之外，2000-2022年的CPI增長率都非常平穩，大致在1%左右。不過，受國際疫情與通膨的衝擊，2021年的CPI增長率略微提高到2%、2022年再微幅提高到3%。

投資

CHAPTER **3**

歷年投資

　　1990年代，臺灣的投資增長相當迅速，固定資本形成毛額年均為18,696億元，年均成長率達到10.0%，年均投資率（固定資本形成毛額占GDP比率）達到26.1%，對GDP成長的年均貢獻度達到2.1個百分點。

　　然而，2000年以後，投資增長速度明顯減緩。2000-2009年固定資本形成毛額年均為27,466億元，年均增長率只有1.3%，年均投資率為23.3%、年均貢獻度為負0.2個百分點。2010-2019年，投資增長速度加速，固定資本形成毛額年均為36,869億元，年均增長率為5.2%，年均貢獻度恢復到1.0個百分點，但年均投資率微幅下滑到22.5%。

　　儘管面對COVID-19疫情衝擊，但是臺灣的投資反而逆勢成長。2020年至2022年固定資本形成毛額年均為55,879億元，年均成長率為11.6%，年均投資率達到26.0%，年均貢獻度達到2.2個百分點。疫情的這三年，投資率及對GDP成長率的貢獻度，幾乎回到輝煌的1990年代。

　　2021年，臺灣固定資本形成毛額增長率為17.8%，對GDP成長的貢獻度為3.5個百分點，投資率高達26.1%。2022年固定資本形成毛額增長率為10.5%，對GDP成長的貢獻度為1.6個百分點，投資率高達27.6%，與1993年的投資高點幾乎一樣。

圖 3-1　固定資本形成毛額年增率、貢獻度與投資率（1990-2022）

依時期分

　　1990-1999年臺灣固定資本形成毛額年均金額為1.9兆元、年增率10.0%、對GDP成長的貢獻度為2.1個百分點、投資率為26.1%。

　　2000-2007年臺灣固定資本形成毛額年均金額為2.7兆元、年增率3.5%、貢獻率為0.3個百分點、投資率為23.6%。投資年增率從1990年代的10.0%降到3.5%，投資對GDP成長的貢獻度從2.1個百分點，降到只剩下0.3個百分點，投資率從26.1%降到23.6%。很明顯地，2000年後內部投資巨幅下降，對GDP成長率的貢獻度幾乎微乎其微。

　　2008-2015年臺灣內部的投資動能持續惡化，固定資本形成毛額年均金額為3.3兆元、年增率2.0%、對GDP成長的貢獻度為0.2個百分點、投資率下探到22.6%。

　　2016-2022年臺灣內部投資的動能顯著改善，固定資本形成毛額年均金額為4.7兆元、年增率8.1%、對GDP成長的貢獻度為1.5個百分點、投資率微幅提高到23.8%。不過，這時期年均投資率僅僅恢復到2000-2007年時期的比例，仍不及1990年代。

表3-1 ▶　**固定資本形成毛額（1990-2022）**

項目類別	數額	年增率	對 GDP 貢獻度	投資率
單位	億元	%	%	%
1990-1999	18,696	10.0	2.1	26.1
2000-2007	27,067	3.5	0.3	23.6
2008-2015	33,187	2.0	0.2	22.6
2016-2022	46,993	8.1	1.5	23.8

國際比較

　　1990-1999年臺灣的年均投資率為26.1%，高於世界的24.6%、高所得國家的24.4%、中低所得國家的25.6%。

　　2000-2007年的投資情勢逆轉，臺灣投資率降到23.6%，低於世界的24.0%、中低所得國家的26.7%，只略高於高所得國家的23.3%。

　　2008-2015年，臺灣投資率再微幅降到22.6%，低於世界的25.1%、中低所得國家的32.1%，只略高於高所得國家的21.7%。

　　2016-2021年，臺灣投資率略微回升到23.1%，但是仍低於世界的26.3%、中低所得國家的32.9%，只略高於高所得國家的22.5%。

表3-2 ▶ **投資率國際比較（1990-2021）**

國家（地區）	1990-1999	2000-2007	2008-2015	2016-2021
臺灣	26.1	23.6	22.6	23.1
世界	24.6	24.0	25.1	26.3
高所得國家	24.4	23.3	21.7	22.5
歐盟	22.8	22.9	21.1	22.2
英國	19.1	18.1	16.5	18.0
日本	32.1	26.4	24.2	25.4
美國	21.5	22.7	19.8	21.0
香港	29.5	23.2	23.2	20.0
韓國	37.0	32.4	31.2	31.6
新加坡	34.7	24.4	28.2	25.0
中低所得國家	25.6	26.7	32.1	32.9
中國	37.3	38.4	45.3	43.1
印尼	29.5	23.9	32.8	33.3
馬來西亞	36.3	23.8	23.5	23.1
菲律賓	21.6	18.3	20.0	23.7
泰國	36.5	25.1	25.3	24.3
越南	28.0	34.1	33.3	32.2

依產業分

產業投資率為該產業的固定資本形成毛額占GDP的比率。1990-2021年，臺灣農業投資率幾乎趨近於零；工業投資率顯著上升，但極大部分源自製造業，製造業又主要歸因於ICT產業；服務業投資率則逐年衰退，已經比工業與製造業的投資率還低。

進一步來看，1990年臺灣農業投資率為0.5%，到2000年已經剩下0.2%，到2004年再降到0.1%，2013年略為回升到0.2%。之後幾年始終在0.1-0.2%之間徘徊。

臺灣工業投資率除了2021年為14.7%之外，1990-2020年大致維持在8.5-13.1%之間。再細看，1990-2003年年均投資率維持9.9%，2004-2013年提高到11.8%，2014-2018年微幅下降到10.7%，2019-2021年再提高到13.4%。2021年工業投資率為14.7%，是1981年的歷史高峰。

過去32年臺灣工業投資率的增加，大致源於製造業，更精準地說是ICT產業。1990-1996年，工業年均投資率為9.4%、製造業為7.2%、ICT產業為2.8%。1997-2003年，工業年均投資率為10.5%（增加1.1個百分點）、製造業為8.8%（增加1.6個百分點）、ICT產業為5.3%（增加2.5個百分點）。2004-2021年，工業年均投資率為11.7%（增加1.2個百分點）、製造業為10.4%（增加1.6個百分點）、ICT產業為7.4%（增加2.1個百分點）。2021年，工業投資率為14.7%、製造業為12.7%、ICT產業為10.0%。

臺灣服務業投資率自1993年起幾乎都持續衰退。1981年迄今，1993年的投資率達到歷史高峰的17.7%，到2003年只剩下11.6%。1990-1996年的年均投資率為16.4%、1997-2003年為13.5%、2004-2013年為11.3%、2014-2018年為10.9%、2019-2021年為11.2%。

整體來看，2021年，臺灣工業投資率14.7%與製造業投資率12.7%，都高於服務業投資率11.2%，甚至ICT產業投資率10.0%也已接近服務業投資率。

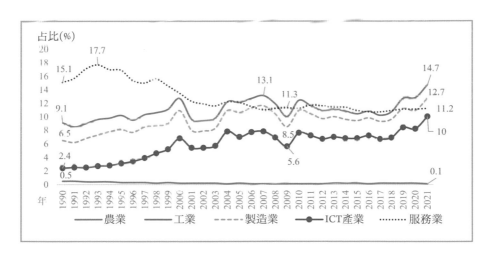

圖 3-2　**各產業投資率（1990-2021）**

依時期分

1990-1999年臺灣農業年均投資率為0.4%、工業為9.8%、製造業為7.7%、ICT產業為3.3%、服務業為16.0%。

　　2000-2007年臺灣農業年均投資率為0.1%、工業為11.5%、製造業為9.9%、ICT產業為6.7%、服務業為12.0%。比起上一時期，工業投資率增加1.7個百分點，特別是ICT產業投資率增加3.4個百分點，服務業投資率卻大幅衰退4個百分點，之後就再沒有恢復投資動能。

　　2008-2015年臺灣農業年均投資率為0.1%、工業為11.1%、製造業為9.8%、ICT產業為6.8%、服務業為11.3%。比起上個時期，各產業投資率幾乎都微幅衰退，農業投資率不變，工業投資率衰退0.4個百分點、服務業投資率衰退0.7個百分點，唯獨ICT產業投資率微幅成長0.1個百分點。

　　2016-2021年臺灣農業年均投資率為0.2%、工業為12.0%、製造業為10.6%、ICT產業為7.9%、服務業為11.0%；服務業投資率已經比工業投資率還低。比起上個時期，工業投資率增加0.9個百分點、製造業增加0.8個百分點、ICT產業增加1.1個百分點，服務業投資率則繼續衰退0.3個百分點。

表 3-3　各產業投資率（按時期分，1990-2021）

單位：%

時期	農業	工業	製造業	ICT 產業	服務業
1990-1999	0.4	9.8	7.7	3.3	16.0
2000-2007	0.1	11.5	9.9	6.7	12.0
2008-2015	0.1	11.1	9.8	6.8	11.3
2016-2021	0.2	12.0	10.6	7.9	11.0

各產業對固定資本形成毛額的貢獻

1990-1999年臺灣農業累計固定資本形成毛額為2.5千億元、占固定資本形成毛額的比率（占比）1.3%。工業為70.9千億元、占比37.9%；製造業為56.2千億元、占比30.1%；ICT產業為25.1千億元、占比13.4%。服務業為113.6千億元、占比60.7%。這個時期，服務業對投資的貢獻率達到六成、工業則近四成。

2000-2007年臺灣農業累計固定資本形成毛額為1.3千億元、占比0.6%。工業為105.7千億元、占比48.8%；製造業為91.8千億元、占比42.4%；ICT產業為62.0千億元、占比28.6%，服務業為109.6千億元、占比50.6%。這個時期，服務業對投資的貢獻率超過五成、工業也近五成。

2008-2015年臺灣農業累計固定資本形成毛額為1.6千億元、占比0.6%。工業為130.7千億元、占比49.2%；製造業為115.8千億元、占比43.6%；ICT產業為80.4千億元、占比30.3%。服務業為133.2千億元、占比50.2%。這個時期，服務業與工業對投資的貢獻率都接近五成。

2016-2021年臺灣農業累計固定資本形成毛額為1.8千億元、占比0.7%。工業為138.8千億元、占比52.1%；製造業為122.0千億元、占比45.8%；ICT產業為91.4千億元、占比34.3%。服務業為125.7千億元、占比47.2%。這個時期，工業對投資的貢獻率超過五成、服務業已經低於五成。

整體而言，臺灣農業的投資非常低、工業投資增長快速但主要集中在ICT產業、服務業的投資增長非常緩慢。從1990-1999年至2016-2021年，農業占累計固定資本形成毛額的比例從1.3%降到0.7%，工業

從37.9%增加到52.1%，ICT產業從13.4%增加到34.3%，服務業從60.7%減少到47.2%。特別是，工業投資淨增加主要歸因於ICT產業。例如，2016-2021年工業投資較2008-2015年，淨增加8.1千億元，其中ICT產業便淨增加11.0千億元。

表3-4 ▸ **各產業的固定資本形成毛額與占比（1990-2021）**

單位：千億元、%

項目 類別	農業		工業		製造業		ICT 產業		服務業	
	累計	占比	累計	占比	累計	占比	累計	占比	累計	占比
1990- 1999	2.5	1.3	70.9	37.9	56.2	30.1	25.1	13.4	113.6	60.7
2000- 2007	1.3	0.6	105.7	48.8	91.8	42.4	62.0	28.6	109.6	50.6
2008- 2015	1.6	0.6	130.7	49.2	115.8	43.6	80.4	30.3	133.2	50.2
2016- 2021	1.8	0.7	138.8	52.1	122.0	45.8	91.4	34.3	125.7	47.2

註：占比為各產業累計固定生產形成毛額占全部累計固定生產形成毛額之比例。

小結

　　1990年代臺灣的投資增長相當迅速，年均投資率達到26.1%，對GDP成長的年均貢獻度達2.1百分點。2000年以後，投資增長速度顯著減緩。2000-2009年年均投資率為23.3%、對GDP成長的年均貢獻度為負0.2個百分點。2010-2019年，年均投資率微幅下滑到22.5%，對GDP成長的年均貢獻度恢復到1.0個百分點。

　　2016年至2022年臺灣內部投資的動能改善，年均投資率為23.8%、對GDP成長的貢獻度為1.5個百分點，較2008-2015年增加0.2個百分點。不過，年均投資率僅僅恢復到2000-2007年的水準（23.6%），仍不及1990年代的26.1%。2022年投資率高達27.6%，與1993年的投資率高點幾乎一樣，對GDP成長率的貢獻為1.6個百分點。

　　與國際相比，臺灣投資率自2000年以後顯著下降，不僅低於世界平均、更低於中低所得國家；目前只略微高於高所得國家。

　　最後，臺灣農業投資非常低，工業投資增長快速，但主要集中在ICT產業，服務業投資增長非常緩慢。1990-2021年農業投資率幾乎趨近於零，工業投資率顯著上升，特別是ICT產業投資率快速增加；服務業投資率則逐年衰退，甚至比工業投資率還低。2021年，工業與製造業投資率分別為14.7%與12.7%，都高於服務業投資率11.2%，甚至ICT產業投資率達10.0%，已經接近服務業投資率。

財政

CHAPTER **4**

歷年財政收支

1980年至1988年臺灣的財政幾乎都是赤字，財政赤字巨幅增加到1989年的2,858億元，此後到2021年大致都維持赤字。2009年財政赤字更創下歷史高峰達到5,573億元，之後才逐漸減少赤字，直到2015年轉正為171億元財政黑字。

民進黨在2016年上臺後，基本上都嚴守財政紀律，維持小規模的赤字與黑字。因為COVID-19疫情的紓困與振興方案，才造成2020年財政赤字2,059億元，但2021年便立即縮減到財政赤字391億元。

依年代分，1980年代財政收入[1]年均5,898億元、占GDP的比率（占比）為21.5%；財政支出年均6,275億元、占比為22.6%。收支相抵，財政赤字378億元、占比為1.2%。

1990年代財政收入年均15,245億元、占比為21.6%；財政支出年均17,193億元、占比為24.6%。財政赤字1,948億元、占比為3.0%。

2000年代財政收入年均21,330億元、占比為18.3%；財政支出年均23,830億元、占比為20.5%。財政赤字2,499億元、占比為2.2%。

2010-2021年，財政收入年均26,628億元、占比為15.5%；財政支出年均28,080億元、占比為16.5%。財政赤字1,453億元、占比為1.0%。

---

1 包括中央政府與地方政府的財政收入。

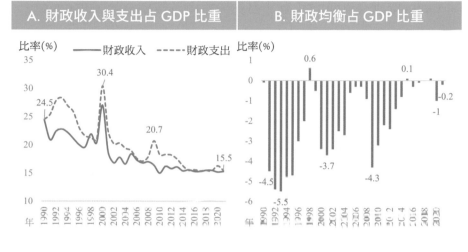

| A. 財政收入與支出占 GDP 比重 | B. 財政均衡占 GDP 比重 |

圖 4-1 **財政收支與均衡占 GDP 比重（1990-2021）**

　　整體而言，除了特定幾年因應國際金融或疫情衝擊，歷任政府大致維持穩健財政政策。1990年財政赤字占比為0.1%，1999年增加到0.5%，2008年再增加到0.9%，2021年財政赤字縮減至0.2%。但從1990年起，財政收入與支出占GDP的比率便持續降低。

按時期分

　　1990-1999年臺灣財政年均收入1.5兆，占GDP的比率（占比）為21.4%；支出1.7兆，占比為24.1%。收支相抵，赤字1,948億元，占比為2.7%。

　　2000-2007年臺灣財政年均收入2.1兆，占比為18.5%；支出2.4兆，占比為20.5%。收支相抵，赤字2,287億元，占比為2.0%。

2008-2015年臺灣財政年均收入2.3兆，占比為15.9%；支出2.6兆，占比為17.7%。收支相抵，赤字2,639億元，占比為1.8%。

2016-2022年臺灣財政年均收入2.9兆，占比為15.4%；支出3.0兆，占比為15.6%。收支相抵，赤字502億元，占比為0.3%。

表 4-1 ▶ **財政（1990-2021）**

單位：億元、%

年別	財政收入		財政支出		財政均衡	
	金額	占 GDP 比重	金額	占 GDP 比重	金額	占 GDP 比重
1990-1999	15,245	21.4	17,193	24.1	-1,948	-2.7
2000-2007	21,232	18.5	23,520	20.5	-2,287	-2.0
2008-2015	23,396	15.9	26,035	17.7	-2,639	-1.8
2016-2022	29,303	15.4	29,805	15.6	-502	-0.3

國際比較

1990年代，臺灣的財政收入占GDP的比率（占比）為21.6%，略低於世界平均的23.2%及高所得國家的25.1%。

2000-2007年，臺灣的財政收入占比下跌近3個百分點到18.7%，明顯低於世界平均的22.9%及高所得國家的25.9%，但高於中低所得國家的16.2%、中國的12.2%與菲律賓的13.9%。

2008-2015年臺灣的財政收入占比持續下跌到15.9%，全面性低

於世界平均的22.7%、高所得國家的25.7%，以及中低所得國家的17.5%。

　　到了2016-2021年，臺灣的財政收入占比再微幅下跌到15.4%，同樣全面性低於世界平均的23.6%、高所得國家的26.1%，以及中低所得國家的19.0%；甚至中國都已經達到15.6%，高於臺灣0.2個百分點。

表 4-2　財政收入占 GDP 比率之國際比較（1990-2021）

國家（地區）	1990-1999	2000-2007	2008 2015	2016-2021
臺灣	21.6	18.7	15.9	15.4
世界	23.2	22.9	22.7	23.6
高所得國家	25.1	25.9	25.7	26.1
歐盟	35.4	35.7	36.2	35.9
英國	31.6	32.7	33.7	33.7
日本	20.6			
美國	18.7	18.3	17.5	18.1
韓國	16.3	20.2	23.1	27.0
新加坡	26.7	20.6	17.8	19.2
中低所得國家		16.2	17.5	19.0
中國		12.2	12.4	15.6
印尼	18.1	18.0	15.4	12.1
馬來西亞	21.6	20.8	20.5	16.5

國家（地區）	1990-1999	2000-2007	2008-2015	2016-2021
菲律賓	15.3	13.9	13.9	15.4
泰國	17.8	17.7	19.4	19.4

　　再從財政支出來看，1990年代，臺灣財政支出占GDP的比率（占比）為24.6%，與世界平均的24.6%相同，惟低於高所得國家的26.9%。就個別國家而言，臺灣財政支出占比高於日本（15.8%）、韓國（13.6%）、新加坡（14.9%）及大部分東南亞國家。

　　2000-2007年，臺灣財政支出占比下降將近4個百分點到20.8%，落後世界平均的24.8%與高所得國家的25.9%。但就個別國家而言，臺灣財政支出占比只領先日本（15.5%）、韓國（17.0%）及新加坡（14.8%），已經遜於大部分東南亞國家。

　　2008-2015年，臺灣財政支出占比再下降3個百分點到17.8%，低於世界平均的27.2%與高所得國家的28.4%。就個別國家而言，臺灣財政支出占比只高於日本的17.5%及新加坡的13.5%，再落後大部分東南亞國家與韓國的21.1%。

　　2016-2021年，臺灣財政支出占比再下降2.2個百分點到15.6%，低於世界平均的28.0%與高所得國家的28.7%，且落後韓國的25.9%、日本的17.8%及新加坡的16.7%。

表 4-3　**財政支出占 GDP 比率之國際比較（1990-2021）**

國家（地區）	1990-1999	2000-2007	2008-2015	2016-2021
臺灣	24.6	20.8	17.8	15.6
世界	24.6	24.8	27.2	28.0
高所得國家	26.9	25.9	28.4	28.7
歐盟	39.1	37.4	39.1	38.2
英國	35.5	36.7	41.6	39.1
日本	15.8	15.5	17.5	17.8
美國	20.5	20.1	24.0	24.4
韓國	13.6	17.0	21.1	25.9
新加坡	14.9	14.8	13.5	16.7
印尼	11.9	16.3	15.5	15.0
馬來西亞	17.8	17.9	19.8	16.9
菲律賓	14.2	15.6	13.6	15.1
泰國	12.9	15.8	18.5	19.2

小結

除了特定幾年因應國際金融或疫情衝擊，歷任政府大致維持穩健財政政策。臺灣財政收入占GDP的比率（占比）從1990年代的21.6%逐年下降到2016-2021年的15.4%；財政支出占比從1990年代的24.1%逐年下降到2016-2021年的15.6%。財政赤字占比從1990年代的2.7%，逐年下降到2016-2022年為0.3%。

1990年到2021年臺灣面對愈趨嚴峻的經濟挑戰，包括社會福利與安全體制的建立，但是財政收支占比卻愈來愈低，即政府回應社會需求與經濟發展的資源比例日益減少。2016-2021年財政收入占比為15.4%，遠低於世界平均，且全面落後高中低所得國家。受限於財政收入占比衰退，財政支出占比壓縮到15.6%，不僅遠低於世界平均與高所得國家，更遭到日本、韓國與新加坡的反超。

國際貿易

CHAPTER **5**

歷年貨品貿易

1990年臺灣出口674億美元、進口548億美元、貿易總額1,222億美元、貿易依存度為73.4%、貿易順差126億美元。整個1990年代，對外進出口成長旺盛，大致維持10%左右的成長率，貿易依存度約略為80%，貿易順差落在86-147億美元之間。

2000年臺灣對外出口達到1,519億美元、進口1,407億美元、貿易總額2,927億美元、貿易依存度達到88.3%、貿易順差112億美元。特別是，臺灣在2002年加入世界貿易組織（World Trade Organization, WTO），加速融入國際分工。故除了2001年、2008-2009年受國際經濟衝擊之外，2000-2009年進出口大致維持兩位數成長，貿易依存度在2004年更突破100%、2008年再突破120%，貿易順差也逐步攀升到2009年的281億美元，是1981年以來的歷史高峰。

2010年至2020年，臺灣進出口成長率逐漸減緩到個位數、甚至2012年、2015年與2016年都是負增長，貿易依存度也滑落到100%上下，但貿易順差增加到500億美元左右，2017年貿易順差達到583億美元。

2021年至2022年，雖受COVID-19疫情影響，但臺灣進出口反而呈現兩位數成長；2020年出口金額只有3,451億美元，2021年成長22.6%到4,464億美元，2022年再成長13.7%到4,794億美元。貿易總額從2020年的6,313億美元，增加43.8%到2022年9,075億美元，貿易順差則維持在600億美元左右。

再細看，2011年至2020年臺灣的出口與進口幾乎停滯，出口金額起起伏伏、大致維持在2,792億美元至3,451億美元之間，進口金額也起起伏伏、大致維持在2,292億美元至2,873億美元之間。2021年出口增長1,013億美元、進口增長959億美元，貿易依存度從2020年的93.7%增加13個百分點到106.7%；2022年出口再增長330億美元、進口再增長460億美元，貿易依存度再增加11.9個百分點到118.6%。

總而言之，2020年至2022年的三年間，臺灣對外貿易史無前例大爆發成長，出口總額從2019年的3,292億美元增加45.6%到2022年的4,794億美元；進口總額從2,857億美元增加19.8%到4,280億美元；貿易總額從6,148億美元增加47.6%到9,075億美元，貿易依存度增加到118.6%。

| A. 貨品貿易出口年增率 | B. 貨品貿易進口年增率 |

圖 5-1 ▶ **貨品貿易的進出口年增率（1990-2022）**

按時期分

1990-1999年臺灣年均貨品出口金額為998億美元、年均進口金額為892億美元，年均貿易依存度為74.4%，年均貿易順差為106億美元。

2002年臺灣加入WTO，對外貿易持續暢旺。2000-2007年平均貨品出口金額為1,780億美元、年均進口金額為1,603億美元，年均貿易依存度達到96.3%，年均貿易順差為177億美元。

2008-2015年臺灣年均貨品出口金額為2,841億美元、年均進口金額為2,545億美元，年均貿易依存度達到112.6%，年均貿易順差為296億美元。

2016-2022年七年期間，臺灣年均出口金額為3,613億美元，年均進口金額為3,076億美元，年均貿易依存度為101.6%，年均貿易順差為537億美元。

如前面分析，過去七年的貿易增長主要發生在2021-2022年期間，貿易未來是否會持續擴張？需要再觀察。2023年前兩個月出口衰退19.2%，進口衰退13.3%，貿易順差比去年同期減少56.2%。

表5-1 各主要時期貨品貿易（1990-2022）

單位：億美元、依存度（%）

時間	出口	進口	貿易總額		貿易均衡
項目類別	平均金額	平均金額	平均金額	依存度	金額
1990-1999	998	892	1,889	74.4	106
2000-2007	1,780	1,603	3,382	96.3	177
2008-2015	2,841	2,545	5,385	112.6	296
2016-2022	3,613	3,076	6,688	101.6	537

按貿易對象分

　　美國始終是臺灣非常重要的出口目的地。1990-1999年，美國占臺灣貨品出口的比率（出口占比）達26.3%，高居各國之冠。惟出口占比於2000-2007年降至16.9%，2008-2015年再降至11.5%，直至2016-2022年才又爬升回13.7%。此外，香港亦為臺灣關鍵出口夥伴，惟出口占比由1990-1999年的21.2%，持續滑落到2018-2015年的13.3%，直至2016-2022年方略微回升0.1個百分點。

　　再者，臺灣貨品出口中國則節節攀升，出口占比從1990-1999年的0.5%，暴增到2000-2007年的16.8%，並擠進第三大出口目的地。2008-2015年再攀升到26.7%，成為臺灣最重要的出口夥伴。2016-2022年又爬升1.0個百分點至27.7%。

　　事實上，很多臺灣出口中國的貨品為中間財，由臺商投資中國所驅動，且長期以來兩岸產業已形成供應鏈關係，中國高度仰賴臺灣半

導體及資通訊零組件及半成品，這些中間財大部分在中國加工後再出口歐美市場。[1]

另一方面，日本為臺灣相當重要的進口來源國，惟其占臺灣進口貨品的比率（進口占比）由1990-1999年的28.0%，降至2000-2007年的24.3%，再降至2016-2022年的18.0%，2016-2022年更跌落到15.2%，並讓出長期把持的首要進口夥伴。取而代之的是中國，進口占比由1990-1999年的2.6%，持續成長到2016-2022年的20.2%。

自2000年起，美國亦穩居臺灣前三大進口來源地，進口占比由2000-2007年的13.5%，降至2008-2015年的10.0%；2016-2022年回升1.1個百分點至11.1%。綜言之，臺灣進口來源地相對穩定，主要包括日本、中國與美國，合計約占臺灣進口的四成。

最後，東南亞國協〔東協（Association of Southeast Asian Nations, ASEAN）〕也是臺灣的重要貨品貿易夥伴。1990年代，東協占臺灣總出口額的11.8%、進口額的10.5%；2000-2007年，東協占臺灣總出口額的13.3%、進口額的12.6%；2008-2015年，東協占臺灣總出口額的17.3%、進口額的11.7%；2016-2022年，東協占臺灣總出口額的16.8%、進口額的13.3%。

1　經濟部，「兩岸貿易係基於商業需求，政府持續協助業者全球布局」，https://www.moea.gov.tw/MNS/populace/news/News.aspx?kind=1&menu_id=40&news_id=92743。

表5-2 ►	臺灣貨品進出口重要夥伴（1990-2022）

項目類別	1990-1999	2000-2007	2008-2015	2016-2022
出口				
第1名	美國（26.3）	香港（18.9）	中國（26.7）	中國（27.7）
第2名	香港（21.2）	美國（16.9）	香港（13.3）	美國（13.7）
第3名	日本（10.7）	中國（16.8）	美國（11.5）	香港（13.4）
東協	（11.8）	（13.3）	（17.3）	（16.8）
進口				
第1名	日本（28.0）	日本（24.3）	日本（18.0）	中國（20.2）
第2名	香港（20.3）	美國（13.5）	中國（15.6）	日本（15.2）
第3名	德國（5.1）	中國（9.6）	美國（10.0）	美國（11.1）
東協	（10.5）	（12.6）	（11.7）	（13.3）

說明：括弧內數字為占臺灣進出口的比重（%）。

按行業分

　　分行業看，目前ICT製造業（包括電子零組件及電腦電子光學製品）[2]為臺灣出口主力，出口占比由2000-2007年的46.5%，略降至

2　根據主計總處，ICT資通訊產業範圍包括：「CR.電子零組件製造業」、「CS.電腦、電子產品及光學製品製造業」、「JB.電信業」及「JC.電腦相關及資訊服務業」4中業。ICT製造業只包括「CR.電子零組件製造業」、「CS.電腦、電子產品及光學製品製造業」。

2008-2015年的45.7%；惟2016-2022年迅速擴增到54.7%，囊括臺灣過半貨品出口。受此影響，僅礦業及土石採取業、食品飲料與菸草，以及機械設備的出口占比，較2008-2015年微幅增加0.1-0.2個百分點外，其餘行業出口占比皆呈現衰退趨勢，尤其是石油化學材料與製藥業減少5.3個百分點，基本金屬與金屬減少1.7個百分點。

　　若再區分COVID-19疫情前的2016-2019年與疫情期間的2020-2022年，ICT製造業的出口占比迅速從2008-2015年的45.7%，旋即反彈到2016-2019年的50.7%，再飆高增加7.9個百分點到2020-2022年的58.6%。受此影響，其他行業的出口占比全部衰退，尤其是石油化學材料與製藥業減少3.1個百分點，機械設備減少1.1個百分點。

表5-3　各行業占貨品出口比重（2000-2022）

單位：比率（%）

項目類別	2000-2007	2008-2015	2016-2019	2020-2022	2016-2022
農林漁牧業	0.2	0.2	0.2	0.1	0.2
礦業及土石採取業	0.0	0.1	0.2	0.4	0.3
製造業	99.4	99.4	99.3	99.2	99.2
食品飲料與菸草	1.1	1.2	1.4	1.1	1.3
紡織業	4.6	3.1	2.6	1.8	2.2
成衣及服飾品	0.9	0.3	0.2	0.1	0.2
皮革製品	0.6	0.3	0.2	0.1	0.2

項目類別	2000-2007	2008-2015	2016-2019	2020-2022	2016-2022
木竹製品	0.2	0.1	0.1	0.0	0.0
紙製品暨印刷儲存複製業	0.6	0.6	0.6	0.5	0.5
石油化學材料與製藥業	13.4	18.5	14.8	11.7	13.2
橡膠與塑膠製品	3.3	3.1	2.8	2.3	2.5
非金屬礦物製品	0.6	0.8	0.7	0.5	0.6
基本金屬與金屬	10.0	10.2	9.0	8.0	8.5
ICT 製造業	46.5	45.7	50.7	58.6	54.7
電力設備及配備	3.6	2.5	2.3	2.2	2.2
機械設備	7.0	6.4	7.0	5.9	6.5
汽車及其他運輸工具與零件	3.9	4.2	4.3	3.9	4.1
家具及其他製造業	3.1	2.6	2.7	2.4	2.6
其他行業	0.4	0.3	0.3	0.3	0.3

說明：其他行業包括電力及燃氣供應業、用水供應業、廢棄物清除、處理及資源物回收處理業、出版業、影片及電視節目業、聲音錄製及音樂發行業。

　　從成長率來看，ICT製造業出口急遽擴張，其年均成長率由2001-2007年的12.4%，驟降至2008-2015年的3.2%；惟2016-2019年便倍增到6.2%，2020-2022年更暴增到18.2%；2016-2022年平均成長率11.3%，僅次於礦業及土石採取業與其他行業，不過，後兩個行業出口規模有限、兩者合計90億美元，只占ICT製造業出口的1.2%而已。

進一步來看，從2000年至2022年紡織業、成衣及服飾品、皮革製品、木竹製品成長率都持續衰退。在2020-2022年的疫情三年期間，農林漁牧業衰退9.2%、受害特別嚴重。

表5-4 各行業出口成長率（2000-2022）

單位：年增率（%）

項目類別	2000-2007	2008-2015	2016-2019	2020-2022	2016-2022
農林漁牧業	6.4	8.6	2.6	-9.2	-2.4
礦業及土石採取業	21.3	52.8	5.4	32.1	16.9
製造業	12.0	2.8	3.9	13.8	8.2
食品飲料與菸草	2.4	9.0	6.2	0.0	3.6
紡織業	-0.8	1.4	-2.7	0.9	-1.2
成衣及服飾品	-11.1	-4.5	-6.0	0.8	-3.1
皮革製品	-1.3	-1.0	-10.1	-4.0	-7.5
木竹製品	-3.6	-4.7	-1.0	-1.9	-1.4
紙製品暨印刷儲存複製業	8.8	2.1	3.1	4.0	3.5
石油化學材料與製藥業	25.9	2.1	2.8	11.8	6.7
橡膠與塑膠製品	6.1	3.1	0.2	3.0	1.4
非金屬礦物製品	9.6	6.8	-2.1	0.5	-1.0
基本金屬與金屬	16.5	1.3	1.4	11.5	5.7
ICT 製造業	12.4	3.2	6.2	18.2	11.3

項目類別	2000-2007	2008-2015	2016-2019	2020-2022	2016-2022
電力設備及配備	3.9	0.7	0.9	15.8	7.3
機械設備	10.4	4.7	4.3	8.2	6.0
汽車及其他運輸工具與零件	10.6	5.9	-0.1	13.0	5.5
家具及其他製造業	2.8	3.8	2.2	4.3	3.1
其他行業	13.7	-4.1	13.1	21.8	16.8

說明：其他行業包括電力及燃氣供應業、用水供應業、廢棄物清除、處理及資源物
　　　回收處埋業、出版業、影片及電視節目業、聲音錄製及音樂發行業。

在進口方面，ICT製造業亦為臺灣進口大宗，進口占比由2000-2007年的29.9%，略降至2008-2015年的24.6%；但2016-2019年便回升到33.2%，並一路挺進到2020-2022年的35.7%；2016-2022年合計33.2%。

期間，機械設備進口也同步成長，2020-2022年進口占比為10.9%，較2008-2015年增加2.3個百分點。其次是電力設備及配備，增加0.8個百分點。緊接著的是汽車及其他運輸工具與零件，增加0.7個百分點。

表5-5 ▶ 各行業占進口比重（2000-2022）

單位：比率（%）

項目類別	2000-2007	2008-2015	2016-2019	2020-2022	2016-2022
農林漁牧業	1.8	1.9	1.6	1.4	1.5
礦業及土石採取業	13.1	18.2	13.4	13.3	13.3
製造業	83.6	78.5	84.0	84.4	84.2
食品飲料與菸草	2.8	3.0	3.5	3.0	3.3
紡織業	0.7	0.5	0.5	0.4	0.4
成衣及服飾品	0.6	0.6	0.7	0.6	0.6
皮革製品	0.5	0.5	0.6	0.5	0.5
木竹製品	0.6	0.4	0.4	0.3	0.4
紙製品暨印刷儲存複製業	1.2	1.0	1.0	0.8	0.9
石油化學材料與製藥業	14.9	18.5	15.7	12.6	14.1
橡膠與塑膠製品	1.6	1.8	1.7	1.6	1.6
非金屬礦物製品	1.2	1.4	1.1	1.0	1.1
基本金屬與金屬	10.0	9.4	7.7	7.3	7.5
ICT 製造業	29.9	24.6	30.6	35.7	33.2
電力設備及配備	3.1	2.3	2.6	3.1	2.8
機械設備	10.7	8.6	9.9	10.9	10.4
汽車及其他運輸工具與零件	3.9	3.7	5.2	4.4	4.8
家具及其他製造業	1.9	2.2	2.7	2.4	2.6

項目類別	2000-2007	2008-2015	2016-2019	2020-2022	2016-2022
其他行業	1.5	1.4	1.0	0.9	0.9

說明：其他行業包括電力及燃氣供應業、用水供應業、廢棄物清除、處理及資源物回收處理業、出版業、影片及電視節目業、聲音錄製及音樂發行業。

　　進一步來看，2000-2007年臺灣各行業進口年均成長率均呈現同步走揚。到了2008-2015年其他行業——電力燃氣與水供應業、廢棄物與資源物回收處理業、影音與出版業陷於負成長（-2.2%）。2016-2019年負成長行業擴大到三個，分別為木竹製品、基本金屬與金屬，及家具及其他製造業。直至2020-2022年，各行業又重回全面走揚的態勢。

表5-6 ▶　**各行業進口成長率（2000-2022）**

單位：年增率（%）

項目類別	2000-2007	2008-2015	2016-2019	2020-2022	2016-2022
農林漁牧業	7.8	3.5	-0.2	14.5	6.1
礦業及土石採取業	23.4	2.8	8.7	32.4	18.8
製造業	11.4	3.0	4.8	13.7	8.6
食品飲料與菸草	8.5	6.1	2.9	8.1	5.1
紡織業	1.5	2.4	2.1	6.7	4.1
成衣及服飾品	3.5	8.1	1.4	3.5	2.3

項目類別	2000-2007	2008-2015	2016-2019	2020-2022	2016-2022
皮革製品	9.3	8.2	-0.2	6.7	2.8
木竹製品	7.8	3.7	-2.3	9.3	2.7
紙製品暨印刷儲存複製業	6.4	1.3	2.7	4.5	3.5
石油化學材料與製藥業	17.5	3.3	0.5	10.5	4.8
橡膠與塑膠製品	17.4	3.0	2.2	7.9	4.7
非金屬礦物製品	17.1	3.3	-0.8	8.3	3.1
基本金屬與金屬	22.1	1.0	-1.2	15.7	6.1
ICT 製造業	8.0	2.3	9.4	17.4	12.8
電力設備及配備	4.7	2.0	7.0	18.5	11.9
機械設備	12.6	2.8	10.9	14.4	12.4
汽車及其他運輸工具與零件	6.2	9.8	2.5	7.2	4.5
家具及其他製造業	3.8	12.0	-1.0	8.3	3.0
其他行業	24.7	-2.2	7.8	4.6	6.4

說明：其他行業包括電力及燃氣供應業、用水供應業、廢棄物清除、處理及資源物
　　　回收處理業、出版業、影片及電視節目業、聲音錄製及音樂發行業。

　　進一步觀察出口貨品的生產要素密集度。2001-2007年，臺灣出口貨品的勞力密集度由高到低依序為33.9%、43.0%與23.1%。我們分別給予高勞力密集程度六分之三的權重、中勞力密集程度六分之二的權重，以及低勞力密集程度六分之一的權重，加權平均為35.1%。至2008-2015年略降至34.8%；2016-2022年維持在此一水準。

以此估算，臺灣出口貨品的加權平均資本密集度，由2001-2007年的40.3%，增加到2008-2015年的42.4%，再上升到2016-2022年的42.9%。加權平均技術密集度，亦由2001-2007年的40.0%，增加到2008-2015年的40.9%，再升至2016-2022年的42.9%。其中，2016-2022年高資本與技術密集度貨品的出口占比，聯袂突破六成。

簡而言之，過去22年臺灣出口貨品的生產要素密集度朝向低勞力密集、高資本與技術密集，見證產業持續升級。從2001-2007年到2016-2022年，勞力密集度從35.1%微幅降到34.8%、資本密集度從40.3%增加到42.9%、技術密集度從40.0%增加到42.9%。

表5-7　**出口貨品的生產要素密集度（2001-2022）**

單位：比率（%）

項目類別	2001-2007	2008-2015	2016-2022
勞力密集度			
高	33.9	32.7	26.6
中	43.0	43.6	55.3
低	23.1	23.6	18.1
加權	35.1	34.8	34.8
資本密集度			
高	46.5	58.1	60.9
中	48.9	38.5	35.5
低	4.5	3.5	3.6
加權	40.3	42.4	42.9

項目類別	2001-2007	2008-2015	2016-2022
技術密集度			
高	50.3	51.5	64.2
中	39.3	42.0	29.2
低	10.4	6.4	6.5
加權	40.0	40.9	42.9

說明：加權計算是高、中、低分別給予六分之三、六分之二與六分之一的權重。

　　在此期間，臺灣進口貨品的加權平均勞力密集度，由2001-2007年的33.3%略降至2008-2015年31.7%，但2016-2022年旋即大幅回升到36.2%。加權平均資本密集度，由2001-2007年的40.3%略提升至2008-2015年40.9%，但2016-2022年旋即微幅下降到40.0%。加權平均技術密集度，由2001-2007年的39.5%略下降至2008-2015年39.0%，但2016-2022年旋即回升到40.7%。

　　簡而言之，過去22年臺灣進口貨品朝向高勞力密集，資本與技術密集度大致維持穩定。

表5-8　進口貨品的生產要素密集度（2001-2022）

單位：比率（%）

項目類別	2001-2007	2008-2015	2016-2022
勞力密集度			
高	32.1	29.2	33.1
中	35.5	32.1	50.9
低	32.4	38.8	16.0
加權	33.3	31.7	36.2
資本密集度			
高	49.3	53.5	45.8
中	42.9	38.3	48.2
低	7.8	8.2	6.1
加權	40.3	40.9	40.0
技術密集度			
高	42.8	39.0	54.4
中	51.1	55.8	35.2
低	6.1	5.2	10.4
加權	39.5	39.0	40.7

說明：高中低分別給予六分之三、六分之二與六分之一的權重。

依貨品的用途來看，臺灣出口貨品高度集中於中間財，中間財出口占比由2001-2007年的67.0%增加到2008-2015年的74.1%，2016-2022年更逼近八成（77.9%）；能資源貨品出口占比在三個時期都低於0.5%；消費財出口占比由2001-2007年的12.8%，萎縮4.3個百分點到2016-2022年的8.5%；資本財[3]出口占比由2001-2007年的20.0%，大幅下降6.9個百分點到2016-2022年的13.1%。

另外，臺灣進口貨品也高度集中在中間財，中間財進口占比由2001-2007年的54.9%微幅下降到2008-2015年的53.8%，2016-2022年大幅增加13.2個百分點到將近七成（67.0%）；能資源貨品進口占比由2001-2007年的12.5%萎縮9.8個百分點到2016-2022年的2.7%；消費財進口占比由2001-2007年的11.4%微幅增加到2016-2022年的12.8%；資本財出口占比由2001-2007年的21.3%下降3.7個百分點到2016-2022年的17.6%。

整體而言，2016-2022年臺灣進出口貨品都集中在中間財，出口占比約八成、進口占比約七成；能資源貨品進出口占比只有0.5-2.7%，消費財進出口占比大約一成，資本財進出口占比大約15%。

3　資本財（capital good）是使用在生產過程中，用來生產產品或服務的耐久財，例如，所需的機器、工具、廠房、電腦、或其他類型設備，都可作為資本財的代表。

表5-9　進出口貨品用途別（2001-2022）

單位：比率（%）

項目類別	2001-2007	2008-2015	2016-2022
出口			
能資源	0.2	0.2	0.5
中間財	67.0	74.1	77.9
消費財	12.8	10.2	8.5
資本財	20.0	15.5	13.1
進口			
能資源	12.5	18.1	2.7
中間財	54.9	53.8	67.0
消費財	11.4	12.2	12.8
資本財	21.3	15.8	17.6

歷年服務貿易

　　相對於貨品貿易，臺灣服務貿易規模仍相當小、增長動能緩慢，大約只有貨品貿易金額七分之一，而且長期處於貿易赤字狀態。1981-2006年服務貿易的年均依存度只有12.7%、赤字88億美元，2007-2011年服務貿易的年均依存度為14.1%、赤字111億美元，2012-2019年

服務貿易快速增加，年均依存度為17.4%、赤字108億美元，2020-2022年受COVID-19疫情影響，服務貿易的年均依存度大幅降低5個百分點到12.4%、但轉為貿易順差98億美元。

按年代區分，1980年代，臺灣年均服務出口只有36億美元，年均服務進口只有67億美元，年均貿易總額為103億美元，服務貿易依存度為11%，貿易赤字為30億美元。

1990年代，臺灣年均服務出口為111億美元，年均服務進口為215億美元，年均貿易總額為326億美元，服務貿易依存度為12.9%，貿易赤字為103億美元。

2000年代，臺灣年均服務出口為173億美元，年均服務進口為297億美元，年均貿易總額為469億美元，服務貿易依存度為13.1%，貿易赤字為124億美元。

2010年代，臺灣年均服務出口為399億美元，服務進口年均為508億美元，貿易總額年均為908億美元，服務貿易依存度為16.9%，貿易赤字為109億美元。

2020-2022年，臺灣年均服務出口為505億美元，年均服務進口為408億美元，年均貿易總額為913億美元，服務貿易依存度為12.4%，貿易均衡轉為順差98億美元。

2002年加入世界貿易組織後，臺灣的服務貿易加速成長，只是至今規模仍然有限。1999年服務出口為126億美元、進口為243億美元、貿易依存度為12.2%、貿易赤字為117億美元。2008年服務出口為233億美元、進口為349億美元、貿易依存度為14.0%、貿易赤字為115億美元。2019年服務出口達到518億美元、進口為569億美元、貿易依存度達到17.8%、貿易赤字為51億美元。

　　受到COVID-19疫情衝擊，2020年臺灣服務貿易大幅衰退27.7%、貿易依存度只剩11.7%、從1981年以來服務貿易第一次出現順差38億。2021年服務貿易快速回升，特別是服務出口成長26.2%到520億美元、進口微幅增加5.6%到396億美元、貿易順差擴大到124億美元。2022年服務出口成長12.2%、創下歷史新高的584億美元、進口成長14.3%到452億美元、貿易依存度為13.6%、貿易順差擴大到131億美元。

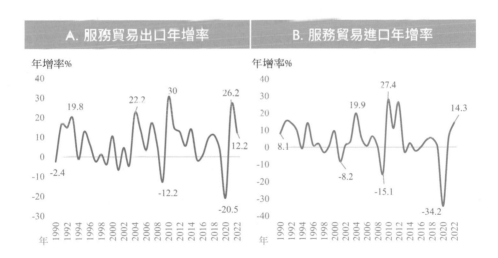

圖 5-2 ▶ 服務貿易的進出口年增率（1990-2022）

按時期分

　　1990-1999年，臺灣年均服務出口為111億美元、年均服務進口為215億美元，服務貿易依存度為12.9%，貿易赤字為103億美元。

　　2000-2007年，臺灣年均服務出口為161億美元、年均服務進口為290億美元，服務貿易依存度為13.0%，貿易赤字為129億美元。

　　2008-2015年，臺灣年均服務出口為318億美元、年均服務進口為442億美元，服務貿易依存度為15.8%，貿易赤字為123億美元。

　　2016-2022年，臺灣年均服務出口為486億美元、年均服務進口為488億美元，服務貿易依存度為15.2%，貿易赤字為2億美元。

表 5-10 ▶ 各主要時期服務貿易（1990-2022）

單位：億美元、年均依存度（%）

時間	出口	進口	貿易總額		貿易均衡
項目類別	年均金額	年均金額	年均金額	年均依存度	年均數額
1990-1999	111	215	326	12.9	-103
2000-2007	161	290	451	13.0	-129
2008-2015	318	442	760	15.8	-123
2016-2022	486	488	974	15.2	-2

國際比較

2005-2007年臺灣年均服務出口為196億美元，低於已開發國家的美國（4,324億美元）、英國（2,917億美元）、日本（1,110億美元）、香港（554億美元）、韓國（597億美元）、新加坡（591億美元）。臺灣服務出口也不如若干開發中國家，舉凡中國（1,026億美元）、馬來西亞（233億美元）、泰國（249億美元）。

2008-2015年臺灣的年均服務出口成長到318億美元，但是其他國家也同步擴張。諸如：美國為6,526億美元、英國為3,402億美元、日本為1,420億美元、香港為901億美元、韓國為941億美元、新加坡為1,210億美元。臺灣服務出口依舊遜於開發中國家的中國（1,916億美元）、馬來西亞（365億美元）、泰國（438億美元）。

2016-2021年臺灣的年均服務出口繼續成長到470億美元，可是仍落後於美國的8,166億美元、英國的3,967億美元、日本的1,827億美元、香港的936億美元、韓國的1,008億美元、新加坡的1,972億美元，也不如開發中國家的中國（2,775億美元）、泰國（583億美元）；不過，臺灣已經超越馬來西亞的328億美元。

整體而言，過去17年臺灣的服務出口成長率快速，但是服務出口基數很小，故服務出口落後已開發國家相當多。例如，2016-2022年香港與韓國的年均服務出口是臺灣的二倍，日本與新加坡是臺灣的四倍。特別是，臺灣的年均服務出口僅為中國的六分之一，且遜於泰國等開發中國家。

根據WTO的統計，臺灣在世界服務出口的排名從2000年的第18名大幅下跌到2013年的26名，2016年以後大致維持在第27名，2021年

排第27名、僅占世界服務出口總額的0.9%。領先臺灣的亞洲經濟體包括：中國（6.5%）、印度（4.0%）、新加坡（3.8%）、日本（2.7%）、韓國（2.0%）與香港（1.7%）。[4]

表 5-11 ▶ **服務出口之國際比較（2005-2021）**

單位：億美元、年增率（%）

時期	年均值			成長率	
	2005-2007	2008-2015	2016-2021	2005-2019	2005-2021
臺灣	196	318	470	185.8	186.9
世界	31,189	44,928	57,127	134.1	125.9
已開發國家	24,363	33,188	41,398	112.6	108.7
歐盟		16,429	21,403	46.9	50.4
英國	2,917	3,402	3,967	67.4	67.3
日本	1,110	1,420	1,827	105.3	64.5
美國	4,324	6,526	8,166	135.5	110.1
香港	554	901	936	115.2	62.0
韓國	597	941	1,008	104.7	141.9
新加坡	591	1,210	1,972	372.6	404.0

---

4 World Trade Organization, "World Trade Statistical Review," https://www.wto.org/english/res_e/statis_e/wts_e.htm。

時期	年均值			成長率	
	2005-2007	2008-2015	2016-2021	2005-2019	2005-2021
開發中國家	6,826	11,739	15,729	214.0	190.3
中國	1,026	1,916	2,775	260.9	399.8
印尼	124	200	234	143.4	8.0
馬來西亞	233	365	328	108.0	5.7
菲律賓	111	203	352	379.2	290.5
泰國	249	438	583	307.4	23.0
越南	53	89	112	290.4	-13.9

小結

　　臺灣以貿易立國,對外貿易快速擴張,在1990年代貨品貿易年均依存度為73.4%,2000-2007年增加22.9個百分點到96.3%,2008-2015年再增加16.3個百分點到112.6%,2016-2022年下跌11個百分點到101.6%。特別是,2020年至2022年的疫情三年,對外貿易史無前例大爆發成長,貿易總額從6,148億美元到9,075億美元,共增加2,927億美元,貿易依存度增加到118.6%。

　　在貨品出口對象方面,2016-2022年臺灣的前三名出口夥伴為中

95

國（占27.7%）、美國（占13.7%）及香港（占13.4%），共占54.8%，加上東協（占16.8%），共占71.6%。

在進口貨品對象方面，2016-2022年的前三名進口夥伴為中國（占20.2%）、日本（占15.2%）及美國（占11.1%），共占46.5%，加上東協（占13.3%），共占59.8%。

目前ICT製造業已經成為臺灣出口主力，出口占比由2000-2007年的46.5%，略降至2008-2015年的45.7%；2016-2019年旋即反彈到50.7%，囊括臺灣過半貨品出口；2020-2022年占比再增加7.9個百分點到58.6%；顯示最近7年成長非常迅速。

相對的，2000年至2022年臺灣紡織業、成衣及服飾品、皮革製品、木竹製品成長率都持續衰退。2020-2022年的疫情三年，農林漁牧業衰退9.2%、受害特別嚴重。

在生產要素密集度方面，過去22年臺灣出口貨品朝向低勞力密集、高資本與技術密集前進，見證產業持續升級。相對的，過去22年進口貨品偏向高勞力密集，資本與技術密集度則大致維持穩定。

依貨品的用途來看，2016-2022年臺灣進出口貨品都集中在中間財，出口占比約八成、進口占比約七成，能資源貨品進出口占比只有0.5-2.7%，消費財進出口占比大約一成，資本財進出口占比大約15%。

相對於貨品貿易，臺灣服務貿易規模仍相當小，大約只有貨品貿易金額的七分之一，而且長期大多處於貿易赤字狀態。1990-1999年，服務貿易依存度為12.9%、2000-2007年為13.0%、2008-2015年為15.8%、2016-2022年為15.2%。2020-2022年受COVID-19疫情影響，服務貿易的年均依存度大幅降低5個百分點到12.4%、但轉為貿易順差98億美元。

　　放諸國際，過去17年臺灣的服務出口成長率快速，優於世界平均與已開發國家；究其原因，服務出口基數很小，故服務出口總量仍落後已開發國家相當多。2021年臺灣在世界服務出口排第27名，僅占世界服務出口的0.9%。特別是領先臺灣的亞洲經濟體包括：中國（6.5%）、印度（4.0%）、新加坡（3.8%）、日本（2.7%）、韓國（2.0%）與香港（1.7%）。

資本與國際投資

CHAPTER **6**

儲蓄率與存貸差

臺灣在1987年開放外匯管制,可以說臺灣邁向國際資本流動的重要里程碑,國內儲蓄資金開始大規模對外進行直接與金融投資,同時更開放國內投資環境與金融體制,吸引更多國際資金投資臺灣。整體而言,在1999年以後臺灣對外投資,絕大部分是國際金融投資,遠大於外商對臺灣投資,形成龐大國際投資淨額。

在1987年前,臺灣的儲蓄率大致維持在31-35%之間,在1986年達到高峰的40.3%,之後便逐年下降,1994年以後更降到30%以下,2001年降到26.7%,是1976年以來的歷史最低紀錄。在1994-2001年期間,儲蓄率維持在30%以下。

2002-2013年臺灣的儲蓄率大致在28-32%之間,2014-2019年儲蓄率大致在34-35%之間。可能受COVID-19疫情的影響,2020年的儲蓄率攀升到38.8%,2021年的儲蓄率再攀升到42.9%,為1976年以來最高紀錄,2022年略為下降到41.3%。2020-2022年儲蓄率提高到年均41%。

在1999年以前,臺灣還是資金稀缺國家,存貸差[1]為負數,表示貸款大於儲蓄,需要向國外貸款融資國內投資以發展經濟。然而,

---

1 存款餘額與貸款餘額的差距,正數表示國內資金充裕、剩餘國內資金的運用沒有效率,負數表示國內資金短缺、需要向外國借貸進行國內投資。

1999年存貸差開始出現正數為1,131億元、占GDP的比率（占比）為1.2%，表示儲蓄開始大於貸款，國內資金充沛，得以對外進行投資。

2000年以後存貸差急速增加，該年的存貸差為3,820億元、占比為3.7%；短短2年存貸差便已經突破2兆，2002年到20,894億元、占比達到19.7%；再經過7年再突破4兆，2009年到47,865億元、占比達到37.0%；再經過7年更突破8兆，2016年到82,785億元、占比達到47.2%；2022年存貸差已經超過11兆，來到117,290億元、占比達到51.7%。

按年代分，1980年代臺灣的年均儲蓄率為34.6%，1990年代年均儲蓄率為29.8%、1999年第一次出現存貸差剩餘；2000年代的年均儲蓄率為29.2%、存貸差占比為19.9%；2010年代的年均儲蓄率為33.7%、存貸差占比為41.9%，顯示剩餘資金快速增加。

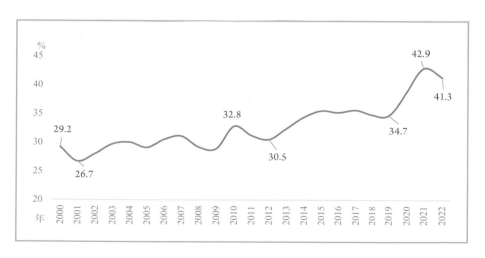

圖 6-1 ▶ 歷年儲蓄率（2000-2022）

2020-2022年的年均儲蓄率為41.0%、存貸差占比為52.0%，可能因為COVID-19疫情的影響，民眾不易消費與投資，相較於前一個時期，儲蓄率大幅提高7.4個百分點，同時剩餘資金占比快速增加10.1個百分點。分年來看，2020年存貸差占比為52.5%，比前一年提高7.1個百分點，2021年與2022年都維持在51.7%。

按時期分

1980年代臺灣年均儲蓄率高達34.6%，到了1990年代年均儲蓄率降低將近五個百分點到29.8%。1997年的儲蓄率為28.6%、存貸差為負7,198億元（表示國內資金不足貸款），1998年的儲蓄率為28.1%、存貸差為負1,864億元，1999年的儲蓄率為28.6%、存貸差轉為正1,131億元、存貸差占GDP的比率（占比）為1.2%，第一次出現國內儲蓄大於貸款，國內開始出現剩餘資金。

2000年以後，臺灣的儲蓄率並沒有巨大變動，但存貸差卻快速攀升。2000年存貸差比1999年增加二倍到3,820億元、存貸差占比3.7%，2001年比2000年增加二倍到14,553億元、存貸差占比大幅提升到14.4%，2002年再增加到20,894億元、存貸差占比增加5.3個百分點到19.7%。2000-2007年年均儲蓄率為29.3%、存貸差為1.9兆、存貸差占比為16.8%。

2008-2015年，臺灣年均儲蓄率為31.8%、存貸差為5.5兆、存貸差占比為37.3%。這時期的存貸差以非常驚人的速度增長，存貸差的年均占比比前個時期增加20.5個百分點。

2016-2022年臺灣年均儲蓄率為37.6%、存貸差為9.6兆、存貸差占

比為48.7%。再細看，2016-2019年存貸差的年均占比為46.2%，比前時期增加8.9個百分點；2020-2022年存貸差的年均占比為52.0%，比2016-2019年提高5.8個百分點。

　　整體而言，自1999年第一次出現存貸差剩餘之後，臺灣的存貸差金額與占比便以狂飆的速度增加。1999年的存貸差為1,131億元、占比為1.2%；2000-2007年的年均存貸差為19,462億元、占比為16.8%；2008-2015年的年均存貸差為55,460億元、占比為37.3%；2016-2022年的年均存貸差為95,811億元、占比為48.7%。2022年的存貸差為117,290億元、占比為51.7%。

　　大量的存貸差顯示資金沒有直接運用在國內消費或固定資本形成[2]，可能阻礙經濟發展動能。以2022年為例，該年臺灣存貸差（117,290億元）為中央政府總預算（22,511億元）的5.2倍，為固定資本形成毛額（62,700億元）的1.9倍，為全國消費（134,527億元）的87.2%。

2　國內資本形成包含「固定資本形成毛額」及「存貨變動」，係在一定期間內，國內生產者購入之商品，不用於當期中間消費，而成為當期存貨或固定資本毛額之增加。固定資本形成按資本財之型態分為：住宅房屋、非住宅房屋（如廠房、校舍等）、其他營建工程（如道路、機場等之土木工程）、土地改良與耕地及果園之開發、運輸工具、機器設備、種畜與役畜及乳牛，以及智慧財產（包括研究發展、電腦軟體及礦藏探勘）等。

表6-1　　儲蓄率與存貸差（2000-2022）

項目類別	儲蓄率	存款餘額		貸款餘額		存貸差	
	比率	金額	年增率	金額	年增率	金額	占 GDP 的比率
單位	%	億元	%	億元	%	億元	%
2000-2007	29.3	165,930	5.5	146,468	3.9	19,462	16.8
2008-2015	31.8	254,683	5.9	199,223	3.7	55,460	37.3
2016-2022	37.6	374,609	5.9	278,798	6.0	95,811	48.7

國際比較

　　1990-2015年，臺灣的儲蓄率維持在29.0-31.8%，2016-2021年卻提升到37%，但必須注意，受COVID-19疫情衝擊，2020年儲蓄率從前一年的34.7%提高到38.8%，2021年再提高到42.9%。不過，因為各國都受到疫情衝擊，所以跨國比較應該沒有問題。

　　1990-1999年，臺灣儲蓄率為29.8%，高於世界平均的24.6%與高所得國家的21.5%，但與中低所得國家的29.9%相當，低於韓國的37.5%及新加坡的48.0%。

　　2000-2007年，臺灣儲蓄率維持在29.0%，同樣高於世界平均的26.3%與高所得國家的22.9%，但低於韓國的33.2%、新加坡的43.3%及中低所得國家的32.5%。

　　2008-2015年，臺灣儲蓄率略為提高到31.8%，同樣高於世界平均的26.5%與高所得國家的22.0%，但低於韓國的34.6%、新加坡的46.5%及中低所得國家的34.9%。

　　2016-2021年，臺灣儲蓄率大幅提高到37.0%，同樣高於世界平均的26.5%與高所得國家的23.4%、韓國的36.2%及中低所得國家的32.2%，但仍低於中國的44.4%與新加坡的42.7%。

　　整體而言，從1990年至2015年臺灣的年均儲蓄率為30.3%，都高於世界平均、高所得國家，但低於中低所得國家、韓國與新加坡。2016-2021年臺灣的年均儲蓄率顯著提高到37.0%，顯著高於世界平均、高所得國家、中低所得國家及韓國，只低於中國與新加坡。

表6-2　儲蓄率國際比較（1990-2021）

國家（地區）	1990-1999	2000-2007	2008-2015	2016-2021
臺灣	29.8	29.0	31.8	37.0
世界	24.6	26.3	26.5	26.5
高所得國家	21.5	22.9	22.0	23.4
歐盟	22.4	23.2	22.7	25.1
英國	15.8	15.8	12.8	14.4
日本	32.4	29.6	26.3	28.8
美國	19.2	18.6	17.3	19.3
香港	31.1	32.8	28.8	26.1
韓國	37.5	33.2	34.6	36.2

國家（地區）	1990-1999	2000-2007	2008-2015	2016-2021
新加坡	48.0	43.3	46.5	42.7
中低所得國家	29.9	32.5	34.9	32.2
中國	39.2	43.1	49.0	44.4
印尼	24.7	24.2	30.9	31.0
馬來西亞	34.7	35.7	32.2	26.2
菲律賓	24.1	35.9	36.9	30.2
泰國	33.8	29.2	29.1	30.2
越南	23.3	32.3	31.7	30.9

僑外商對臺灣投資

　　外來投資將增加國內的資金，特別是外商直接投資（foreign direct investment, FDI）將帶進資金、人才、技術、國際通路、甚至品牌，對當地國的經濟效益大致上是利大於弊。1990-1999年，僑外商（含中國企業）對臺灣投資年均金額為28.0億美元；2000-2007年，僑外商投資年均金額為71.7億美元；2008-2015年，僑外商投資年均金額降低到55.6億美元；2016-2022年，僑外商投資年均金額增加將近一倍到103.3億美元。

　　詳細看，2002-2005年僑外商對臺灣投資金額大致維持在30-40億美元，2006-2007年維持在140-150億美元，但是2008-2015年很快降低到50億美元上下。2016年以後，僑外商投資年均金額顯著提升到100億美元上下，2022年達到133億美元，創下1981年以來的歷史高峰。

　　再依產業區分，僑外商對臺灣農業投資非常少，1990-1999年僑外商對農業投資年均金額只有30萬美元，2002-2007年年均金額為900萬美元，2008-2015年年均金額更降低到633萬美元，2016 2022年年均金額提升到1,170萬美元。2002-2022年，僑外商對農業投資占全部外資的比率（占比）只有0.1%。

　　其次，僑外商對臺灣工業投資絕大部分集中在製造業，1990-1999年僑外商對工業投資年均金額為14.2億美元（製造業為13.6億美元）、占比為50.7%；2000-2007年為33.0億美元（製造業為31.1億美元）、占比為46.0%。2008-2015年降低到17.1億美元（製造業為16.5億美元）、占比為30.8%；2016-2022年提升到45.0億美元（製造業為38.7億美元）、占比為43.6%。

　　過去20年製造業大致占僑外商對臺灣工業投資的95%以上，但最近幾年有很大的變化。2016年僑外商對工業投資從78.1億美元下降到2019年的48.6億美元；投資減少很大的因素是，僑外商對製造業投資從2016年的77.4億美元，銳減到2019年的43億美元。2020-2022年可能受COVID-19疫情影響，2020年與2021年平均投資衰退到17.6億美元，2022年微幅提高到23.1億美元。

　　不過，最近幾年僑外商快速增加投資臺灣「電力及燃氣供應業」。例如，根據經濟部投審會說明，2022年僑外商投資金額133億美元，較上年同期增加78%，為歷來第3高，且創近15年新高，主要

受惠於綠能與離岸風電等大型投資案件帶動。[3]從2019年起，僑外商便開始大幅增加投資「電力及燃氣供應業」；2018年只有6,239萬美元、2019年為4.8億美元、2020年為11億美元、2021年為1.4億美元、2022年為18.8億美元。

表 6-3 **僑外商對臺灣工業投資（2016-2022）**

單位：百萬美元

年度	工業	製造業	電力及燃氣供應業
2016	7,812	7,741	1
2017	3,223	3,157	2
2018	6,189	6,067	62
2019	4,856	4,304	479
2020	2,959	1,766	1,100
2021	2,199	1,751	143
2022	4,287	2,310	1,884

　　第三，僑外商對臺灣投資大部分集中在服務業，特別是2008年以後。1990-1999年僑外商對服務業投資年均金額為11.8億美元，低於工業的14.2億美元。

3　不包括陸資。經濟部投資審議委員會新聞稿，https://www.moeaic.gov.tw/news.view?do=data&id=1681&lang=ch&type=new_ann，2023年1月30日。

2000-2007年僑外商對服務業投資年均金額為39.2億美元、高於工業的33.0億美元。

2008-2015年僑外商對臺灣服務業投資年均金額為36.9億美元，相當於是工業（17.1億美元）的兩倍。

2016-2022年僑外商對臺灣服務業投資年均金額再提升到58.3億美元，逼近工業（45.0億美元）的三成。

2022年僑外商投資臺灣服務業高達90.9億美元，占全部外資的三分之二。服務業僑外商投資主要集中在金融及保險業、批發及零售業；2000-2022年，這兩個產業占服務業外資的70.2%。

表6-4 **僑外商對臺灣年均直接投資（1990-2022）**

時間	合計		農業		工業		製造業		服務業	
項目類別	金額	占比	金額	占比	金額	占比	金額	占比	金額	占比
單位	萬美元	%	萬美元	%	萬美元	%	萬美元	%	萬美元	%
1990-1999	280,343	100	30	0.0	142,006	50.7	135,764	48.4	117,714	42.0
2000-2007	716,776	100	900	0.1	330,387	46.1	311,074	43.4	392,214	54.7
2008-2015	555,823	100	633	0.1	170,723	30.7	164,591	29.6	369,423	66.5
2016-2022	1,033,095	100	1,170	0.1	450,352	43.6	387,067	37.5	583,316	56.5

亞洲經濟體吸引外商直接投資比較

再以外商直接投資占世界的比率，評估亞洲主要經濟體的外資吸引力。2000年至2007年，臺灣吸引外商直接投資占世界的比率為0.3%，略微領先印尼與越南的0.2%，落後中國的5.6%、香港的3.3%、韓國的0.6%、新加坡的1.7%與泰國的0.5%。

2008年至2015年，臺灣吸引外商直接投資占世界的比率降到0.2%，落後上述所有經濟體，包括中國的8.1%、香港的6.0%、新加坡的3.4%、印尼的1.0%、泰國的0.7%、韓國的0.6%與越南的0.6%。

2016年至2021年，臺灣吸引外商直接投資占世界的比率增加到0.4%，只與泰國相當，但仍落後中國的10.2%、香港的7.9%、新加坡的5.8%、印尼的1.3%、越南的1.0%與韓國的0.9%。

表6-5　亞洲經濟體吸引外商直接投資占世界的比重（2000-2021）

單位：%

	2016	2017	2018	2019	2020	2021	2000-2007	2008-2015	2016-2021
臺灣	0.5	0.2	0.5	0.6	0.6	0.3	0.3	0.2	0.4
中國	6.5	8.3	9.5	9.5	15.5	11.4	5.6	8.1	10.2
香港	5.7	6.8	7.2	5.0	14.0	8.9	3.3	6.0	7.9
韓國	0.6	1.1	0.8	0.7	0.9	1.1	0.6	0.6	0.9
印尼	0.2	1.3	1.4	1.6	1.9	1.3	0.2	1.0	1.3
新加坡	3.3	5.1	5.1	7.2	7.8	6.3	1.7	3.4	5.8

	2016	2017	2018	2019	2020	2021	2000-2007	2008-2015	2016-2021
泰國	0.2	0.5	0.9	0.3	-0.5	0.7	0.5	0.7	0.4
越南	0.6	0.9	1.1	1.1	1.6	1.0	0.2	0.6	1.0

臺灣對外直接投資

　　1990-1999年臺灣對外（含中國）直接投資年均金額為34.9億美元，2000-2007年平均金額增加二倍到104.7億美元，2008-2015年平均金額增加到169.5億美元，2016-2022年平均金額增加到182.3億美元。

　　分國家來看，占臺灣對外投資比率（占比）超過1.5%的國家或地區，含括中國、加勒比海英國屬地、美國、日本、香港、新加坡、越南、泰國及東協六國。2016-2022年，臺灣對外投資流向有明顯的轉變，臺灣對中國投資年均金額為69.1億美元，較2008-2015年的112.6億美元明顯減少快要一半；占比亦削減29.7個百分點至37.5%。相對的，臺灣對美國、日本、新加坡與泰國的投資金額與占比都增加大約一倍。特別是，臺灣對東協六國（菲律賓、越南、新加坡、馬來西亞、泰國與印尼）投資年均金額，從2008-2015年的20.4億美元增加到2016-2022年的30.3億美元，占比從11.2%增加到17.7%。

| 表6-6 | 臺灣對各主要國家投資（1990-2022） |

單位：萬美元、%

項目類別	1990-1999		2000-2007		2008-2015		2016-2022	
	金額	占比	金額	占比	金額	占比	金額	占比
中國	144,954	34.1	629,670	58.5	1,125,659	67.2	691,526	37.5
加勒比海	68,667	19.1	166,642	17.1	124,858	7.2	272,682	13.9
美國	37,031	12.4	71,264	7.2	49,240	3.4	135,949	7.6
日本	10,008	0.7	89,295	1.2	46,311	1.8	74,508	5.7
香港	10,464	3.7	20,745	1.9	32,512	2.0	44,972	2.6
新加坡	11,488	2.9	44,629	4.0	77,992	4.0	156,929	9.2
越南	7,428	2.2	8,995	0.8	82,056	4.9	76,133	4.5
泰國	9,096	3.6	11,797	0.8	13,023	0.6	26,709	1.6
東協六國	49,819	18.8	72,649	6.4	203,831	11.2	302,863	17.7

　　依產業區分，如同僑外商對臺灣投資一般，臺灣農業對外直接投資也非常少，1990-1999年平均金額為1,811萬美元，2002-2007年降到1,585萬美元，2008-2015年降到851萬美元，2016-2022年提升到4,902萬美元，但金額仍然非常低。

　　在服務業方面，1990-1999年臺灣服務業對外直接投資年均金額為11.4億美元、低於工業的23.2億美元，2000-2007年年均金額為35.7億美元、低於工業的68.7億美元。2008-2015年年均金額為70.6億美元、低於工業的97.6億美元。2016-2022年年均金額為89.7億美元、接近工業的92.1億美元。

　　分行業看，臺灣工業對外直接投資，幾乎都集中在製造業。
1990-2022年製造業對外直接投資占工業投資的比率（占比）達95%以
上。1990-1999年工業對外直接投資年均金額為23.2億美元，製造業
占比97.0%。2000-2007年年均金額為68.7億美元，製造業占比98.8%。
2008-2015年年均金額為97.6億美元，製造業占比為97.5%。2016-2022
年年均金額為92.1億美元，製造業占比為95.2%。

表6-7 ▶　臺灣年均對外直接投資（1990-2022）

項目類別	合計		農業		工業		製造業		服務業	
	金額	占比	金額	占比	金額	占比	金額	占比	金額	占比
單位	萬美元	%	萬美元	%	萬美元	%	萬美元	%	萬美元	%
1990-1999	348,504	100	1,811	0.5	232,238	66.6	225,188	64.6	114,379	32.8
2000-2007	1,047,448	100	1,585	0.2	687,039	65.6	679,154	64.8	357,255	34.1
2008-2015	1,695,010	100	851	0.1	976,273	57.6	952,384	56.2	706,444	41.7
2016-2022	1,823,077	100	4,902	0.3	921,032	50.5	877,398	48.1	897,107	49.2

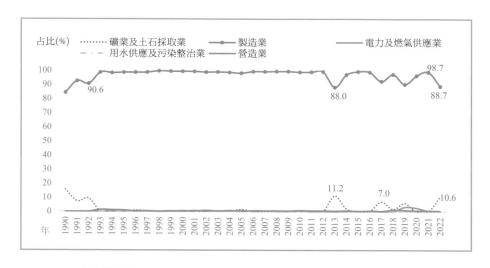

圖 6-2 臺灣工業對外直接投資（1990-2022）

　　在服務業方面，2002-2022年臺灣服務業對外直接投資，主要集中於「金融及保險業」與「批發及零售業」；這兩個行業占服務業對外直接投資的比率（占比）為80.3%。詳細看，1990-2022年「金融及保險業」對外直接投資年均29.2億美元，占比為60.5%；「批發及零售業」對外直接投資年均9.4億美元，占比為19.7%；「運輸及倉儲業」對外直接投資年均2.1億美元，占比為4.4%；「資訊及通訊傳播業」對外直接投資年均1.8億美元，占比為3.8%。

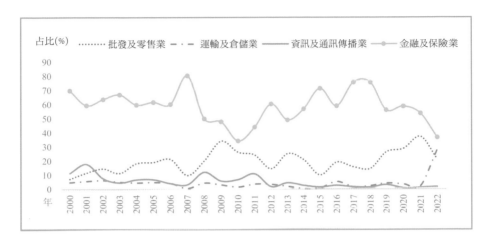

占比(%)　　········ 批發及零售業　　— - — 運輸及倉儲業　　——— 資訊及通訊傳播業　　——○—— 金融及保險業

圖 6-3　臺灣服務業對外直接投資（2000 2022）

國際直接投資淨額

　　1990-1999年臺灣對外（含中國）直接投資年均34.9億美元，僑外商（含中國）對臺灣直接投資年均28.0億美元，因此國際直接投資年均淨額（臺灣對外直接投資減去僑外商對臺灣直接投資）為6.8億美元。

　　2000-2007年對外直接投資年均104.7億美元，僑外商對臺灣直接投資年均71.7億美元，因此國際直接投資年均淨額為33.1億美元。2008-2015年對外直接投資年均169.5億美元，僑外商直接投資年均55.6億美元，因此國際直接投資年均淨額為113.9億美元。2016-2022年平均對外直接投資增加到182.3億美元，年均僑外商直接投資也大幅增加近一倍到103.3億美元，因此國際直接投資年均淨額為79.0億美元。

表6-8 ▶ **臺灣國際直接投資年均淨額（2002-2022）**

單位：百萬美元

時間	臺灣對外直接投資	僑外商對臺直接投資	淨額
1990-1999	3,485	2,803	682
2000-2007	10,474	7,168	3,306
2008-2015	16,950	5,558	11,392
2016-2022	18,231	10,331	7,900

國際投資

　　國際投資的目的在尋求高資本報酬，包括國際直接投資[4]與國際金融投資[5]。國際直接投資牽涉到被投資公司的治理，因此通常牽涉到資金、人才與技術的移轉，甚至涉及到國際市場的通路與品牌。國際金融投資涉及到大量國際資金流動，容易造成金融市場與匯率的變

4　外國直接投資（FDI）是指外國企業為獲得利益在本地所作的經濟投資。一般而言，外國企業會和本地企業組成一個公司，形成一個多國企業或者國際企業。為了證明跨國企業母公司足以承擔其對於海外聯合企業或公司等的治理權，國際貨幣基金定義治理權須要至少10%或者更多的普通股份，抑或擁有投票權的團體組織，與其相等的非團體組織。低於此限制的只能算是投資組合。

5　根據中央銀行的統計，國際金融投資金額包括證券、衍生性金融商品及其他投資。

動，甚至衝擊國家金融穩定，各國政府都會有顧慮，而採取相對保守的政策。

　　臺灣在1987年開放外匯管制，隨著全球化的速度加速，臺灣對外直接投資與金融投資愈來愈多，也加速開放外商投資臺灣各產業。

　　1990年臺灣對外直接投資52億美元、吸引外商直接投資13億美元，國際直接投資淨額（對外直接投資減去吸引直接投資）為39億美元。對外金融投資165億美元、吸引國際金融投資53億美元，國際金融投資淨額（對外金融投資減去吸引國際金融投資）為112億美元。直接與金融投資淨額相加，國際投資淨額為152億美元。1999年前國際投資淨額逐漸變少，甚至在1998-1999年國際投資淨額逆轉為負值，也就是外國對臺灣淨投資。

　　2000年到2005年，臺灣國際投資淨額規模減小，甚至逆轉為外國對臺灣淨投資。2006年國際投資淨額急速擴大到196億美元，2007年國際投資淨額再倍增到389億美元，直至2008-2010年方趨於緩和。

　　不過，2011年後，臺灣國際投資淨額便呈現穩定擴大的趨勢，從2011年的320億美元持續擴大到2015年的650億美元，隨後五年維持大致此規模。直至2021年，國際投資淨額巨幅提高到1,106億美元，2022年微幅下降到937億美元。

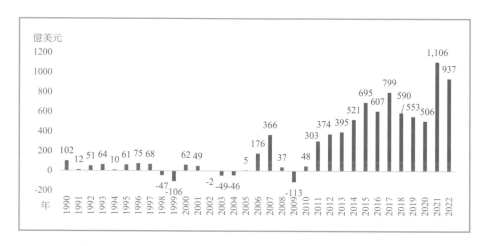

圖 6-4　臺灣的國際投資淨額（1990-2022）

按時期分

在國際直接投資方面，1990-1999年淨額年均7億美元、累計66億美元；2000-2007年淨額年均33億美元、累計265億美元；2008-2015年平均淨額達到高峰的115億美元、累計920億美元；2016-2022年平均淨額減緩到79億美元、累計553億美元。

在國際金融投資方面，臺灣對外金融投資以非常驚人的速度不斷擴大。1990-1999年淨額年均22.4億美元、累計224億美元；2000-2007年淨額年均37億美元、累計297億美元；2008-2015年年均淨額大幅擴大到168億美元、累計1,340億美元；2016-2022年年均淨額再擴大到649億美元、累計4,545億美元。

結合國際直接投資與國際金融投資的數據，1990-1999年，臺灣國際直接投資淨額累計66億美元，國際金融投資淨額累計224億美

元，合計國際投資淨額累計290億美元、年均29億美元。

2000-2007年，臺灣國際直接投資淨額累計265億美元，國際金融投資淨額累計296億美元，合計國際投資淨額累計561億美元、年均70億美元。

2008-2015年，臺灣國際直接投資淨額累計920億美元，國際金融投資淨額累計1,340億美元，合計國際投資淨額累計2,260億美元、年均283億美元。

2016-2022年，臺灣國際直接投資淨額累計553億美元，國際金融投資淨額累計4,545億美元，合計國際投資淨額累計5,098億美元、年均728億美元。

以2022年為例，國際直接投資淨額17億美元、國際金融投資淨額920億美元，合計國際投資淨額937億美元，相當於新臺幣27,903億元[6]，該年國際投資淨額為中央政府總預算（22,511億元）的1.2倍、為固定資本形成毛額（62,700億元）的44.5%。

表6-9▸　臺灣的國際投資（1990-2022）

單位：億美元

項目	1990-1999	2000-2007	2008-2015	2016-2022
國際直接投資淨額（累計）	66	265	920	553
國際金融投資淨額（累計）	224	296	1,340	4,545

6　以2022年新台幣對美元平均匯率為29.78換算。

項目	1990-1999	2000-2007	2008-2015	2016-2022
國際投資淨額（累計）	290	561	2,260	5,098
國際投資淨額（年均）	29	70	283	728

註：臺灣對外直接投資（資產）減去僑外商對臺灣直接投資（負債），等於國際直接投資淨額；臺灣對外金融投資（資產）減去吸引國際金融投資（負債），等於國際金融投資淨額；國際直接投資淨額加上國際金融投資淨額，等於國際投資淨額。

小結

　　臺灣的儲蓄率在1986年達到40.3%，之後便持續往下減少，2001年跌落到從1976年以來的歷史低谷（26.7%）。之後儲蓄率便逐漸提高；2002-2013年儲蓄率徘徊在28-32%之間，2014-2019年微幅增加到34-35%，2020-2022年顯著增加到41%。2021年儲蓄率達到42.9%的歷史高峰，2022年儲蓄率微幅下降到41.3%。

　　整體而言，1990年至2015年臺灣的年均儲蓄率為30.3%，都高於世界平均、高所得國家，但低於中低所得國家、韓國與新加坡。2016-2021年臺灣的年均儲蓄率顯著提高到37.0%，明顯高於世界平均、高所得國家、中低所得國家及韓國，只低於中國與新加坡。

　　2001年至2022年，臺灣的儲蓄率持續提高，顯示民眾不願意消

費、希望將錢存在銀行。不過，銀行並沒有將大部分的民眾存款直接轉換成貸款投資，而是形成大量剩餘資金，進行債券投資、外匯占款、股權投資、對外投資或其他投資。

自1999年第一次出現存貸差剩餘之後，臺灣的存貸差金額與占GDP的比率（占比）便以狂飆的速度在增加。1999年的存貸差為1,131億元、占比為1.2%；2000-2007年的年均存貸差為19,462億元、占比為16.8%；2008-2015年的年均存貸差為55,460億元、占比為37.3%；2016-2022年的年均存貸差為95,811億元、占比為48.7%。2022年的存貸差為117,290億元、占比為51.7%。

民眾將大量所得存在銀行而不是進行消費，銀行也沒有將龐大資金貸款給企業投資，可能阻礙經濟成長動能。以2022年為例，該年的存貸差金額為中央政府總預算的5.2倍，為固定資本形成毛額的1.9倍。

部分存貸差資金被轉換成對外投資，包括直接投資與金融投資。臺灣對外直接投資從1990-1999年的年均34.9億美元，增加到2000-2007年的104.7億美元，再增加到2008-2015年的年均169.5億美元，續微幅增加到2016-2022年的年均182.3億美元。對外投資以製造業為主，但到2016-2022年對外投資工業與服務業已經並駕齊驅，各占將近50%，而且對工業的投資高度集中在製造業，對農業的年均投資都低於5,000萬美元。

另一方面，僑外商對臺灣投資從1990-1999年的年均28億美元，增加到2000-2007年的年均71.7億美元，減少到2008-2015年的年均55.6億美元，2016-2022年再成長將近一倍到年均103.3億美元。特別是，2022年僑外商投資金額高達133億美元，是1981年以來的歷史高峰。僑外商投資集中在服務業，特別是2008年以後；僑外商對工業投資集

中在製造業，對農業的年均投資都低於1,200萬美元。

即使過去七年臺灣吸引外商直接投資，已經增加到百億美元以上，但其占世界對外直接投資的比率仍只有0.4%，相較於2000-2007年的0.3%與2008-2015年的0.2%雖有所改善，但在亞洲主要經濟體之中，仍屬於吸引外商直接投資的後段班，仍有很大的進步空間。

此外，臺灣對外投資流向有明顯的轉變，臺灣對中國投資占比從2008-2015年的67.2%巨幅降低到2016-2022年的37.5%；相對的，臺灣對美國、日本、新加坡、泰國投資金額與占比都增加大約一倍，臺灣對東協六國投資占比從11.2%增加到17.7%。由於臺灣對中國與東南亞出口很多是投資驅動的中間財，未來臺灣對中國的出口占比應該會減少，相對的，臺灣對東南亞的出口占比應該會增加。

如果結合僑外商直接投資與對外直接投資，1990-1999年臺灣國際直接投資淨額年均6.8億美元，2000-2007年年均33.1億美元，2008-2015年平均113.9億美元，2016-2022年平均79億美元。

臺灣對外金融投資快速擴大。1990年代，國際投資淨額（包括國際直接與金融投資）年均29億美元、累計290億美元，2000-2007年淨額年均70億美元、累計561億美元，2008-2015年淨額年均283億美元、累計2,260億美元，2016-2022年淨額年均728億美元、累計5,098億美元。特別是，2021-2022年淨額年均1,022億美元、累計2,043億美元。

臺灣國際投資淨額規模擴大可能阻礙經濟成長動能。以2022年為例，國際投資淨額937億美元，相當於新臺幣27,903億元，為該年中央政府總預算的1.2倍、為固定資本形成毛額的44.5%。

整體而言，臺灣儲蓄率從2001年的26.7%提高到2022年的41.3%，存貸差占GDP的比率從1999年的1.2%提高到2022年的51.7%，過去22

年吸引外商直接投資金額占世界的比率大致維持在0.2-0.4%，國際投資淨額從1990年代累計290億美元，到2016-2022年累計高達5,098億美元。

人口與國際移動

CHAPTER 7

人口變遷

　　人口變遷是臺灣經濟發展的長期嚴峻挑戰。簡單說，1990-2019年臺灣總人口增加非常緩慢，2019年達到高峰，2020年以後總人口便開始往下滑。事實上，總人口的減少是來自過去人口慣性，也就是長期少子化的結果，從1984年便開始種下的種子，只是總人口數到了2019年後才開始往下掉。從1984年以後，總生育率[1]已經低於2人，2001年以後，總生育率便低於1.5人，2020年以後，總生育率已經低於1人。

　　基於過去將近40年（1984-2022）總生育率低於2人所形成的人口慣性[2]，除非臺灣政府有效解決少子化或開放大量移民，否則未來總人口將加速減少，而且在短期間難以逆轉，總人口數會維持很長一

---

1 總和生育率（total fertility rate，TFR），反映婦女一生中生育子女的總數。由於嬰兒夭折及疾病等原因，一般來講在已開發國家總和生育率至少要達到2.1，才能達到世代更替水平，不會讓人口總數隨著世代更替而下降。

2 人口慣性（population momentum）指任一個封閉人群中，如果人口在以前持續增長，即使生育率降到更替水平或更低，在最終達到人口均衡之前，人口規模仍然會保持一段時期的增長趨勢；而如果人口在以前持續減少，那麼，即使將其生育率提升到更替水平或更高，在最終達到人口均衡之前，其人口規模仍然會保持一段時期的縮減趨勢。這種趨勢稱為人口慣性，前者稱為人口正增長慣性，後者稱為人口負增長慣性。

段時間減少。其次，即使總生育率提高而逐漸使總人口恢復成長，15-64歲工作年齡人口也無法在短期內恢復到2020年的水平。總而言之，將近四十年來持續播種的種子，未來數十年將成為經濟發展要面對的最大挑戰。

　　臺灣總人口在2019年達到高峰後將快速減少。2019年總人口為2,360萬人、年增率為0.1%、出生人口為17.8萬人、出生率為7.5‰、總生育率為1.1人。2022年總人口為2,326萬人、年增率為負0.5%、出生人口為13.9萬人、出生率為6.0‰、總生育率為0.9人。

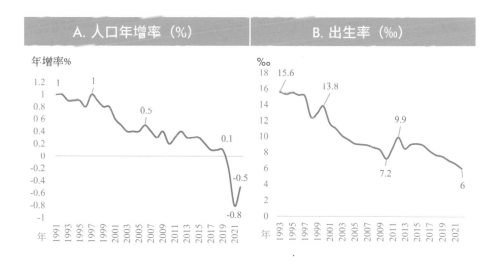

圖7-1　人口年增率與出生率（1991-2022）

　　再依時期分，1991-1999年臺灣總人口年均2,136萬人，年增率為0.9%，出生人口為31.2萬人，出生率為14.6‰，總生育率為1.7人。

　　2000-2007年臺灣總人口年均2,264萬人,年增率為0.5%,出生人口為23.4萬人,出生率為10.4‰,總生育率為1.3人。

　　2008-2015年臺灣總人口年均2,327萬人,年增率為0.3%,出生人口為8.6萬人,出生率為8.6‰,總生育率為1.1人。

　　2016-2022年臺灣總人口年均2,350萬人,年增率為負0.1%,出生人口為17.4萬人,出生率為7.4‰,總生育率為1.0人。

表7-1 ▶ **各主要時期人口變遷與總生育率(1990-2022)**

時間	人口		出生		總生育率
項目類別	數額	年增率	數額	出生率	比率
單位	人	%	人	‰	人
1991-1999	21,358,711	0.9	312,113	14.6	1.7
2000-2007	22,637,745	0.5	233,927	10.4	1.3
2008-2015	23,269,876	0.3	200,766	8.6	1.1
2016-2022	23,500,612	-0.1	174,244	7.4	1.0

國際比較

　　根據世界銀行及臺灣政府的統計,2020年臺灣的總生育率為0.99人,排名世界第五低,僅次於韓國(0.84人)、香港(0.87人)、波多黎各(0.90人)、維京群島(0.98人)。事實上,過去十年臺灣總生育率持續惡化,只是韓國、香港及波多黎各總生育率的惡化速度略

微超過臺灣。

　　回顧過去十年，臺灣總生育率在2011年為全球最低、2012年為全球第3低、2013-2015年為全球最低、2016年為全球第2低、2017-2019年為全球第4低。同為東亞四小龍的新加坡也面臨少子化的嚴峻挑戰，2020年新加坡總生育率為1.1、排名全球第7低。

　　在2020年全球前二十名低總生育率的經濟體當中，除了上面所提的經濟體之外，中國（總生育率為1.28人）排名第12低、日本（總生育率為1.34人）排名第18低、泰國（總生育率為1.34人）排名第19低。也就是說，東亞四小龍、日本、中國與泰國都面臨嚴峻的少子化衝擊。對照之下，2020年高所得經濟體的平均總生育率為1.53人、中高所得經濟體為1.57人、中所得經濟體為2.17人、中低所得經濟體為2.60人、低所得經濟體為4.68人。

表7-2　總生育率排名與國際比較（2011-2020）

經濟體	排名	2011	2012	2013	2014	2015	2016	2017	2018	2019	2020
韓國	1	1.24	1.30	1.19	1.21	1.24	1.17	1.05	0.98	0.92	0.84
香港	2	1.20	1.29	1.13	1.24	1.20	1.21	1.13	1.07	1.05	0.87
波多黎各	3	1.60	1.54	1.47	1.43	1.34	1.24	1.10	1.04	0.98	0.90
維京群島	4	1.27	1.10	1.08	1.24	1.19	0.99	0.87	0.92	0.95	0.98
臺灣	5	1.07	1.27	1.07	1.17	1.18	1.17	1.13	1.06	1.05	0.99
澳門	6	1.12	1.18	1.20	1.22	1.20	1.18	1.12	1.10	1.08	1.07
新加坡	7	1.20	1.29	1.19	1.25	1.24	1.20	1.16	1.14	1.14	1.10

經濟體	排名	2011	2012	2013	2014	2015	2016	2017	2018	2019	2020
馬爾他	8	1.45	1.42	1.36	1.38	1.37	1.37	1.26	1.23	1.14	1.13
烏克蘭	9	1.46	1.53	1.51	1.50	1.51	1.47	1.37	1.30	1.23	1.22
西班牙	10	1.34	1.32	1.27	1.32	1.33	1.34	1.31	1.26	1.23	1.23
中國	12	1.67	1.80	1.71	1.77	1.67	1.77	1.81	1.55	1.50	1.28
日本	18	1.39	1.41	1.43	1.42	1.45	1.44	1.43	1.42	1.36	1.34
泰國	19	1.60	1.59	1.55	1.51	1.47	1.44	1.41	1.38	1.35	1.34
高所得經濟體		1.68	1.69	1.66	1.67	1.67	1.66	1.63	1.60	1.58	1.53
中高所得經濟體		1.85	1.93	1.88	1.91	1.85	1.89	1.90	1.74	1.70	1.57
中所得經濟體		2.45	2.47	2.43	2.42	2.38	2.39	2.37	2.29	2.25	2.17
中低所得經濟體		2.95	2.92	2.88	2.82	2.80	2.77	2.72	2.69	2.64	2.60
低所得經濟體		5.31	5.22	5.15	5.08	5.02	4.95	4.88	4.81	4.75	4.68
臺灣的世界排名		1	3	1	1	1	2	4	4	4	5

勞動力就業狀況

　　少子化會對國家發展產生綜合性衝擊。行政院各個部會在2021年8月修正聯合發布的《我國少子女化對策計畫（107年－113年）》[3]指出，少子化將帶來四大面向衝擊：一、出生數持續減少，加速人口結構失衡；二、在學人數下降，衝擊教育體系；三、勞動人口減少，影響經濟發展；四、總扶養比增加，青壯年人口的撫養負擔加重。此外，少子化對於家庭、財政、社會、產業、國防、醫療、社會安全與保險等等都會產生巨大衝擊。

　　少子化最直接影響的便是勞動力人數，對各產業的衝擊不言可喻。1980年臺灣的勞動力為663萬人、就業人口為655萬人；1990年勞動力為842萬人、就業人口為828萬人；2000年勞動力為978萬人、就業人口為949萬人；2010年勞動力為1,107萬人、就業人口為1,049萬人。

　　2020年臺灣的勞動力為1,196萬人、就業人口為1,150萬人，是1980年勞動力與就業人口的1.8倍。2020年是有史以來勞動力與就業人口最多的年度，之後勞動力與就業人口便開始減少；2022年勞動力減少到1,185萬人、就業人口減少到1,142萬人。如果沒有外來移民，這

---

3 教育部、衛生福利部、勞動部、內政部、國防部、財政部、經濟部、科技部、交通部、行政院人事行政總處、國家發展委員會，《我國少子女化對策計畫（107年－113年）》，中華民國110年8月修正。

樣的趨勢不會在短期內逆轉，總勞動力與就業人口會持續減少，而且
速度可能愈來愈快。

| A. 勞動力參與率 | B. 就業人口年增率 |

圖 **7-2** 勞動力參與率與就業人口年增率（1990-2022）

按時期分

　　分時期看，1990-1999年臺灣勞動力總數年均909萬人、年增率為
1.4%、勞動參與率為58.7%；就業人口年均890萬人、年增率為1.3%；
失業人口年均19萬人、年增率為8.8%、失業率為2.0%。

　　2000-2007年臺灣勞動力總數年均1,019萬人、年增率為1.3%、勞
動參與率為57.7%；就業人口年均975萬人、年增率為1.2%；失業人口
年均43萬人、年增率為6.5%、失業率為4.3%。

　　2008-2015年臺灣勞動力總數年均1,125萬人、年增率為1.0%、勞動參與率為58.3%；就業人口年均1,075萬人、年增率為1.1%；失業人口年均50萬人、年增率為1.8%、失業率為4.5%。

　　2016-2022年臺灣勞動力總數年均1,187萬人、年增率為0.3%、勞動參與率為59.0%；就業人口年均1,152萬人、年增率為0.3%；失業人口年均45萬人、年增率為負0.1%、失業率為3.8%。

表7-3　勞動力就業狀況（1990-2022）

時間	勞動力			就業人口		失業人口		
項目類別	數額	年增率	勞動力參與率	數額	年增率	數額	年增率	失業率
單位	萬人	%	%	萬人	%	萬人	%	%
1990-1999	909	1.4	58.7	890	1.3	19	8.8	2.0
2000-2007	1,019	1.3	57.7	975	1.2	43	6.5	4.3
2008-2015	1,125	1.0	58.3	1,075	1.1	50	1.8	4.5
2016-2022	1,187	0.3	59.0	1,142	0.3	45	-0.1	3.8

註1：勞動力參與率是指勞動力占15歲以上民間人口的比率。

按產業分

　　再依產業分，2001年農業就業人口為71萬人、占全部就業人口的比率（占比）為7.5，工業就業人口為343萬人、占比為36.6%，服務業就業人口為525萬人、占比為55.9%。

　　2003年農業就業人口為70萬人、占比為7.3%。此後便快速減少到2006年的55萬，之後便維持55萬人口上下，2020年也是55萬人，2021年降到54萬人。2022年再降到53萬人、占比為4.6%。

　　2003年工業就業人口為340萬人、占比為35.5%。之後便持續增加，2014年突破400萬就業人口，2019年更達歷史高峰的409萬人、占比為35.6%。之後工業就業人口便持續減少，2022年只剩下404萬人、占比為35.4%。

　　2001年起，服務業就業人口每年以5-10萬人的速度不斷增加，到2020年達到高峰的688萬人、占比為59.8%，2021-2022年服務業就業人口減少到685萬人，2022年的占比微幅提高到60%。

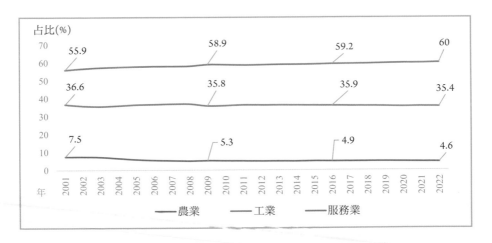

圖 7-3　各產業的就業人口占比

按時期分

2000-2007年農業就業人口年均63萬人、衰退4.2%、就業人口占比（占比）為6.5%；工業就業人口年均355萬人、年增率1.7%、占比為36.2%；服務業就業人口年均561萬人、年增率2.2%、占比為57.3%。

2008-2015年農業就業人口年均55萬人、微幅增加0.3%、占比為5.1%；工業就業人口年均389萬人、年增率0.8%、占比為36.2%；服務業就業人口年均631萬人、年增率1.3%、占比為58.7%。

2016-2022年農業就業人口年均55萬人、微幅衰退0.7%、占比為4.8%；工業就業人口年均407萬人、年增率0.0%、占比為35.6%；服務業就業人口年均680萬人、年增率0.5%、占比為59.6%。

總結，農業就業人口占比逐年下降，從2001年的7.5%快速下降到2006年的5.5%，再微幅下降到2022年的4.6%。工業就業人口占比基本維持穩定，從2001年的36.6%到2006年仍維持36.6%，再微幅下降到2022年的35.4%。服務業就業人口占比則持續緩步上升，從2001年的55.9%增加到2006年的57.9%，再持續增加到2022年的60.0%。

表7-4　**各產業就業人口狀況（2000-2022）**

時間	就業人口		農業			工業			服務業		
項目類別	數額	年增率	數額	年增率	比率	數額	年增率	比率	數額	年增率	比率
單位	萬人	%	萬人	%	%	萬人	%	%	萬人	%	%
2000-2007	975	1.2	63	-4.2	6.5	355	1.7	36.2	561	2.2	57.3
2008-2015	1,075	1.1	55	0.3	5.1	389	0.8	36.2	631	1.3	58.7
2016-2022	1,142	0.3	55	-0.7	4.8	407	0.0	35.6	680	0.5	59.6

註：比率為農業、工業與服務業之比率占就業人口的比重。

國際比較

　　1990年代臺灣的失業率為2.0%，僅略高於泰國的1.8%，則遠低於世界的5.5%與高所得國家的7.3%，也低於中低所得國家的5.0%。

　　2000-2007年與2008-2015年兩個時期，臺灣的失業率大致在4.3-4.5%，世界大致維持在5.7-5.9%，高所得國家略為下降到6.7-7.4%，中低所得國家大致維持在5.3-5.6%。

　　2016-2021年臺灣的失業率下降到3.8%，世界仍維持在5.8%，高所得國家則維持在5.6%，中低所得國家也微幅提高到5.8%，同樣是東亞四小龍的香港、韓國與新加坡的失業率與臺灣接近，大致維持在3.7-3.9%。

表7-5 失業率國際比較（1990-2021）

國家（地區）	1990-1999	2000-2007	2008-2015	2016-2021
臺灣	2.0	4.3	4.5	3.8
世界	5.5	5.9	5.7	5.8
高所得國家	7.3	6.6	7.4	5.6
歐盟	10.4	9.2	9.9	7.5
英國	8.3	5.0	7.0	4.3
日本	3.2	4.7	4.3	2.7
美國	5.8	5.0	7.6	5.1
香港	3.0	5.8	3.7	3.9
韓國	3.4	3.4	3.1	3.7
新加坡	3.2	4.9	4.1	3.8
中低所得國家	5.0	5.6	5.3	5.8
中國	2.9	4.2	4.6	4.6
印尼	4.3	7.0	5.2	4.1
馬來西亞	3.3	3.4	3.2	3.8
菲律賓	3.7	3.7	3.6	2.5
泰國	1.8	1.7	0.7	0.9
越南	2.1	2.2	1.4	1.9

未來人口趨勢

　　根據國家發展委員會（國發會）的估算，臺灣的人口在2019年達到2,360萬人的高峰，之後便持續往下減少。2022年，總人口約為2,317萬人；至2070年，在高推估（假設總生育率上升為1.4人）、中推估（假設總生育率微升為1.2人）、低推估（假設總生育率下降為0.9人）假設情境下，總人口數將分別降為1,708萬人、1,622萬人及1,502萬人。

　　臺灣總人口減少的主因是少子化。在中推估（總生育率回升至1.2人）的假設情境下，2070年出生數將降為8萬人，較2022年預估的14萬人減少6萬人或43.4%。在高推估（總生育率回升至1.4人）的假設情境下，2070年生數將降為10萬人，較2022年減少4萬人或27.8%。

　　不僅是臺灣的總人口數及出生數會有急劇的變化，更重要的是人口構成及家戶組成變化。2022年，15-64歲工作年齡人口預估為1,630萬人、占總人口的比率（占比）為70.3%；至2040年，工作年齡人口及占比將降為1,323萬人及59.9%；至2070 年，工作年齡人口及占比續降為776萬人及47.8%。工作年齡人口中，45-64歲中高齡者之占比將由2022年43.3%，提高至2070年48.0%。

　　再者，臺灣將於3年後（2025年）邁入超高齡社會。2022年，65歲以上老年人口占比為17.5%，預估2025年將超過20%，我國將成為超高齡社會；至2070年，老年人口占比將再續增為43.6%。而老年人口中，85歲以上之超高齡老人所占比率亦將由 2022年10.4%，提高至

2070年31.3%。

此外，依賴人口將於2060年超過青壯年人口，青壯年人口負擔加重：每百位青壯年人口需扶養之依賴人口（幼年及老年人口合計），即「扶養比」[4]，2022年為42.2人，預估於2060年超過100人，並於2070年增加至109.1人。扶養比的上升主要來自老年人口的快速成長，2022年每四位青壯年人口扶養1位老年人口，2039年減為每兩位青壯年人口扶養1位老年人口，至2070年再減為每一位青壯年人口即需扶養1位老年人口。

事實上，臺灣15-64歲工作年齡人口於2015年達最高峰後，即逐年減少；老年人口於2017年起超越幼年人口，預估2029年，老年人口將達幼年人口的2倍。未來我國將面對低生育率趨勢所造成之勞動力不足問題，亟待積極擴充勞動力供給來源，以穩固國家發展根基。同時，面對老年化的趨勢，更需要推動長照產業與銀髮產業，以兼顧社會穩定與產業發展。

百年人口重要指標

根據國發會的推估，以下是臺灣1970年至2070年的百年人口重要指標，包括人口數、出生數、死亡數、15-64歲工作年齡人口數及占

4　「扶養比」是指每百位有生產能力者（通常定義為15-64歲）所需扶養之依賴人口數（0-14歲及65歲以上），用以簡單表示一個社會的人口負擔程度；僅反映人口年齡結構的相對比率，以提供時間變動趨勢之參考，而非從經濟角度觀察的「撫養」情況。

比、65歲以上老人人口數及占比、85歲以上老人人口數及占比、兩性合計預期壽命。

例如，2030年，臺灣總人口只剩下2,309萬人，比2020年少47萬人，15-64歲工作年齡人口只剩下1,507萬人，比2020年少174萬人；2040年，總人口只剩下2,209萬人，比2020年少147萬人，15-64歲工作年齡人口只剩下1,323萬人，比2020年少358萬人。

表7-6 ▶ 百年人口重要指標

年別	人口數 (萬人)	出生數 (萬人)	死亡數 (萬人)	15-64歲 人數 (萬人)	15-64歲 占比 (%)	65歲以上 人數 (萬人)	65歲以上 占比 (%)	85歲以上 人數 (萬人)	85歲以上 占比 (%)	兩性合計 預期壽命[1] (歲)
1970	1,468[2]	40	7	843[2]	57.4[2]	43[2]	2.9[2]	-	-	69.1[2][3]
1980	1,787	41	8	1,136	63.6	77	4.3	2	0.1	72.1[2][3]
1990	2,040	34	11	1,361	66.7	127	6.2	5	0.2	73.8[2]
2000	2,228	31	13	1,565	70.3	192	8.6	11	0.5	76.5
2010	2,316	17	15	1,705	73.6	249	10.7	24	1.0	79.2
2020	2,356	17	17	1,681	71.3	379	16.1	41	1.7	81.3
2030	2,309	14	22	1,507	65.3	557	24.1	57	2.5	82.8
2040	2,209	12	27	1,323	59.9	677	30.6	111	5.0	84.3
2050	2,045	11	31	1,091	53.3	766	37.5	167	8.2	85.6
2060	1,839	9	32	916	49.8	761	41.4	188	10.2	86.9
2070	1,622	8	31	776	47.8	708	43.6	221	13.6	88.1

說明：2030年（含）以後數據為中推估值。1) 等同於零歲平均餘命。2) 不含福建省金門、連江兩縣之資料。

資料來源：國家發展委員會，《中華民國人口推估（2022年至2070年）》（臺北市：國家發展委員會，2022），頁2。

國際比較

相較於主要國家（包括美國、日本、德國、英國、法國、義大利及韓國）工作年齡人口占總人口的比率（占比），2020年臺灣工作年齡人口仍處高峰，臺灣工作年齡人口占比為71.3%，僅次於韓國，遠比其他國家在65%以下要好很多。

然而，臺灣與韓國的工作年齡人口占比下降速度遠快於其他國家，自2056年起，臺灣工作年齡人口占比將低於主要國家，僅略高於韓國，並於2060年開始低於50%，也僅高於韓國，到2070年，仍只有臺灣（47.8%）與韓國（46.1%）低於50%。

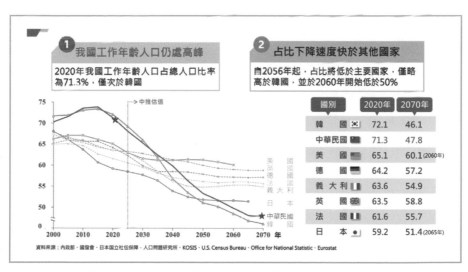

資料來源：國家發展委員會人力發展處，《中華民國人口推估（2022年至2070年）》，2022年8月22日簡報檔案，頁16。

圖 7-4　主要國家工作年齡人口占比的國際比較

　　比較主要國家（包括美國、日本、德國、英國、法國、義大利及韓國）老年人口占比，臺灣目前老化程度較其他主要國家低很多，2020年臺灣老年人口占比為16.1%，僅略高於韓國（15.7%）。

　　然而，臺灣與韓國的老年人口占比上升速度快於其他國家很多，自2052年起，臺灣老年人口占比將高於主要國家，僅略低於韓國，並於2057年開始，臺灣老年人口占比突破40%，也僅次於韓國，到2070年，只有臺灣與韓國超過40%。

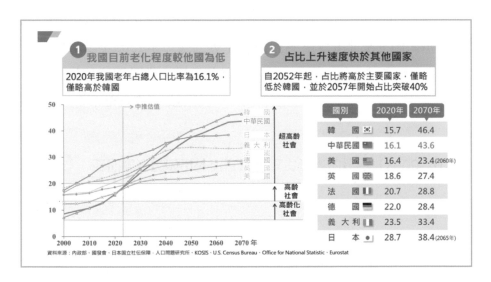

圖 7-5　主要國家老年人口占比的國際比較

國際移動之專業人才

　　面對少子化、老齡化與青壯少，如何擬定適當的國際移民政策，吸引更多外國專業人才到臺灣工作；這對臺灣經濟發展的動能相當重要。不過，專業人才也將是各國積極吸引的關鍵生產要素。對此，我們以流入專業人才數、減去流出的專業人才數，評估專業人才的國際流動狀況。

　　根據行政院主計總處的估算，臺灣民眾赴海外工作於2009年達到66.2萬人，2015年達到72.4萬人，2019年達到73.9萬人，隨後受疫情影響，2021年只有31.9萬人。以疫情前的2019年來看，76%赴海外工作的國人都具有大專以上學歷，可以說都是專業人員。

　　至於來臺灣的外國專業人員，根據勞動部的統計，2004年共計核發外國專業人員有效聘僱許可19,147人次，2015年才核發27,886人次，12年期間增加不到1萬人次。2016年後更多外國專業人員加速來臺灣工作，2022年達到46,526人次，短短7年便增加將近1.9萬人次，專業人才加速流入臺灣。不過，2022年的46,526人次外國專業人員僅占勞動力的0.4%。

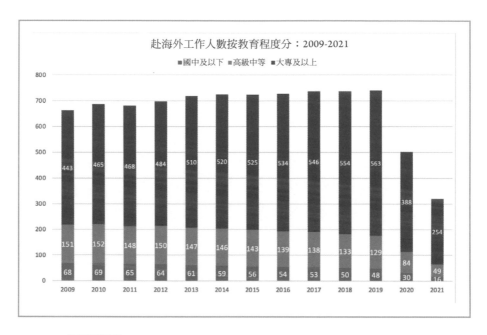

赴海外工作人數按教育程度分：2009-2021

■國中及以下　■高級中等　■大專及以上

圖 7-6 　臺灣人民赴海外工作統計（按教育程度分）

　　以臺灣總體的專業人才國際流動均衡狀況而言，2009年流入專業人才數為23,534人次，流出662,000人，淨外流638,466人。2015年淨外流達到696,114人。在疫情前的2019年，淨外流達到707,875人。

　　有很多因素驅動國際人才移動，最重要的一個因素是預期所得。根據韜睿惠悅顧問公司在2016年4月的調查顯示，臺灣高階主管的薪資只有中國的62%，香港的47%，印尼的65%，與泰國差不多。全球都在爭奪高階人才，薪資落差可能會造成臺灣人才繼續外流。

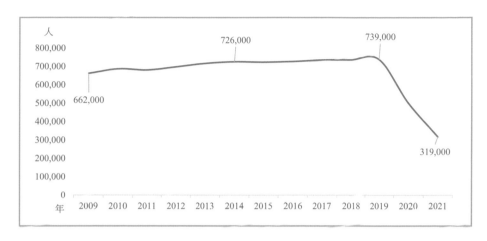

圖 7-7　臺灣人赴海外工作人數（2009-2021）

　　根據勞動部統計，2011年臺灣工業及服務業員工每人每月名目薪資折合美元為1,560美元，2015年衰退1.5%到1,536美元。相較之下，除了中國的名目薪資低於臺灣之外，韓國、新加坡、香港、日本、美國、加拿大、德國、英國的薪資都高出臺灣不少，這應該會導致很多專業人士移往薪水高或成長率高的潛力經濟體。

　　2021年臺灣工業及服務業員工每人每月名目薪資折合美元為1,991美元，較2015年增加29.6%。在這個階段，大部分經濟體薪資也都快速增加，除了中國之外，其他經濟體仍然領先臺灣不少，吸引臺灣的專業人才前往工作。再者，2020年中國工業及服務業員工每人每月薪資為1,176美元，比臺灣的1,831美元低，但是中國第一線大城市的專業人士薪資可能優於臺灣。

表7-7 工業及服務業員工每人每月名目薪資（2011-2020）

單位：美元、%

年別	臺灣	韓國	新加坡	香港	日本	美國	加拿大	德國	英國	中國
2011	1,560	2,352	2,446	1,630	3,982	3,423	3,826	5,096	3,160	539
2015	1,536	2,644	3,558	1,915	2,609	3,739	3,227	4,415	3,195	830
2020	1,831	2,989	4,080	2,190	2,982	4,401	3,543	4,994	3,045	1,176
2021	1,991	3,225	4,341	2,195	2,911	4,600	3,907	n.a.	3,458	n.a.
增長率										
2011-2015	-1.5	12.4	45.5	17.5	-34.5	9.2	-15.7	-13.4	1.1	54.0
2015-2020	19.2	13.0	14.7	14.4	14.3	17.7	9.8	13.1	-4.7	41.7
2015-2021	29.6	22.0	22.0	14.6	11.6	23.0	21.1	n.a.	8.2	n.a.

　　如果考慮物價，我們可以採用購買力平價（Purchasing Power Parity, PPP）比較各國薪資。根據勞動部統計，2021年臺灣工業及服務業員工每人每月薪資購買力平價為3,696美元，比2015年增長16.7%。相較之下，日本、香港、中國、英國的購買力平價薪資都低於臺灣，但是韓國、新加坡、美國、加拿大、德國的薪資仍高出臺灣不少，而且好幾個經濟體的薪資成長率都高於臺灣，這應該會導致臺灣專業人士移往薪水高或成長率高的潛力經濟體。

表7-8 ▶　**工業及服務業員工每人每月薪資（2011-2020）**

單位：美元（PPP 計算）、%

年別	臺灣	韓國	新加坡	香港	日本	美國	加拿大	德國	英國	中國
2011	3,034	3,051	5,117	2,425	2,957	3,423	3,053	4,640	2,794	988
2015	3,168	3,489	5,559	2,546	3,053	3,739	3,306	5,114	3,022	1,335
2020	3,612	4,228	6,693	2,802	3,139	4,401	4,003	5,892	3,359	1,912
2021	3,696	4,501	6,943	2,917	3,310	4,600	3,977	n.a.	3,692	n.a.
增長率										
2011-2015	4.4	14.4	8.6	5.0	3.2	9.2	8.3	10.2	8.2	35.1
2015-2020	14.0	21.2	20.4	10.1	2.8	17.7	21.1	15.2	11.2	43.2
2015-2021	16.7	29.0	24.9	14.6	8.4	23.0	20.3	n.a.	22.2	n.a.

國際移動之低階技術勞動力

　　屬於比較低階技術勞動力的產業移工與社福移工人數持續增加，2008年臺灣產業移工有19.7萬人、社福移工有16.8萬人，移工總計36.5萬人。2015年產業移工有36.4萬人、社福移工有22.4萬人，移工總計58.8萬人。2022年產業移工有50.6萬人、社福移工有22.2萬人，移工總計72.8萬人。很明顯的，臺灣產業發展所需的低階技術勞動力很大一

部分需要靠產業移工補充。2022年全部移工（72.8萬人）占全部勞動力（1,185萬人）的比率為6.1%。

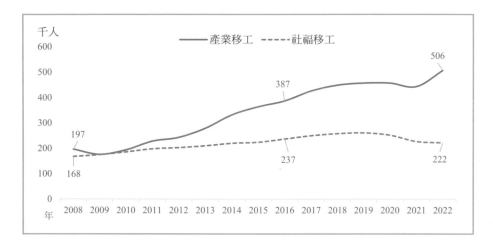

圖 7-8　國際移工統計

　　根據行政院的統計，到2022年底臺灣的婚姻移民有57.8萬人、低階技術移工大約71萬餘人，總計128.8萬人，占總人口的比率為5.5%，所占比率相對很多先進國家仍屬偏低，未來臺灣移民人數應該還有很大的成長空間。[5]

　　根據國際移民組織（International Organization for Migration, IOM）的報告顯示，2020年共有2.8億移民、占全球人口的3.6%；全球移民數

5　行政院網站，https://www.ey.gov.tw/state/99B2E89521FC31E1/2820610c-e97f-4d33-aa1e-e7b15222e45a。

最高的美國移民數為50.6百萬人、移民占該國總人口的比率（占比）15.3%；第二名為德國，占比為18.8%；歐洲大部分國家的占比都超過10%；加拿大占比為21.3%；新加坡占比為43.1%；香港占比為39.5%；日本占比為2.2%；韓國占比為3.4%。[6]

　　面對未來人口急遽變遷，恐怕臺灣沒有太多政策選擇。工作年齡人口（15-64歲青壯年人口）急遽減少，絕大部分必須由移工補足勞力短缺。勞動力高峰在2020年的1,196萬人，該年的移工人數為70.9萬人。也就是說，當勞動力還在增長的時候，移工需求量已經高達70.9萬人，未來勞動力減少時，對國際移工的需求量恐怕會大幅增加。2022年，國際移工增加到72.8萬人，占工作年齡人口的4.5%、勞動力的6.1%。

　　從趨勢來看，2012-2022年勞動力平均為工作年齡人口的68.8%，但是2020-2022年勞動力平均為工作年齡人口的72%。根據國發會的中推估數據，2035年工作年齡人口為1,418萬人，比2022年少掉212萬人，以係數72%推估，2035年勞動力為1,021萬人，亦即比2022年少掉164萬人。這些勞動力短缺恐怕都須由國際移工填補。這是非常龐大的移工數量，將衝擊到臺灣人口結構、產業發展、社會福利與社會安全，而且如何在未來13年期間吸引與安排164萬人低階技術國際移工到臺灣工作都是相當棘手的挑戰。

---

[6] International Organization for Migration, https://worldmigrationreport.iom.int/wmr-2022-interactive/。

小結

　　人口變遷是臺灣經濟發展長期的嚴峻挑戰。工作年齡人口（15-64歲）在2015年達到歷史高峰的1,737萬人，總人口在2019年達到歷史高峰的2,360萬人，勞動力與就業人口在2020年達到歷史高峰，分別為1,196萬人與1,150萬人。2020年以後，總人口、工作年齡人口、勞動力與就業人口都會持續數十年減少；未來經濟面對的挑戰與困難是完全不同於過去數十年的工作年齡人口與勞動力增長階段。

　　臺灣總人口的減少是來自過去人口慣性，也就是長期少子化的結果，從1984年便開始種下的種子，只是總人口數到了2019年後才開始往下掉。1984年以後，總生育率已經低於2人，2020年以後，總生育率已經低於1人。2020年勞動力的高峰為1,196萬人、就業人口為1,150萬人。如果沒有外來移民，這樣的趨勢不會在短期內逆轉，總勞動力與就業人口會持續減少，而且速度可能愈來愈快。

　　在產業方面，臺灣農業占就業人口的比率持續減少，從2001年的7.5%降低到2022年的4.6%；工業占就業人口的比率大致維持穩定，從2001年的36.6%降低到2022年的35.4%，服務業占就業人口的比率略為增加，從2001年的55.9%增加到2022年的60%。

　　根據國發會的中推估，2022年臺灣總人口為2,317萬人、2030年為2,309萬人、2040年為2,209萬人、2050年為2,045萬人、2070年為1,622萬人。而且，總生育率2022年為0.89人、2030年為1.04人、2040-2070

年為1.2人。

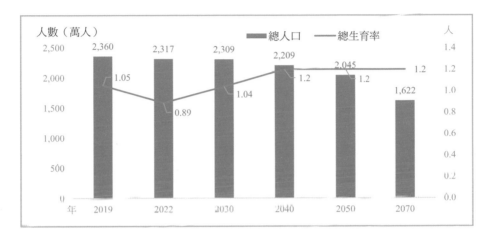

圖 7-9　**未來總人口與總生育率推估（2019-2070）**

　　在工作年齡人口方面，根據國發會的中推估，2022年臺灣工作年齡人口為1,630萬人、占總人口的70.3%；2030年為1,507萬人、占總人口的65.3%、比2022年減少123萬人；2040年為1,323萬人、占總人口的59.3%、比2022年減少307萬人；2050年為1,091萬人、占總人口的53.3%、比2022年減少539萬人；2070年為776萬人、占總人口的47.8%、比2022年減少854萬人。這必然會嚴重衝擊各產業發展與整體經濟成長。

　　臺灣老年人口（65歲以上）不斷增加，造成人口快速老化。臺灣於1993年進入高齡化社會，2018年進入高齡社會，將於3年後（2025年）邁入超高齡社會。詳細而言，2022年老年人口為406萬、占總人口的17.5%；2030年臺灣老年人口為557萬、占總人口的24.1%；2040

年臺灣老年人口為677萬、占總人口的30.6%；2050年臺灣老年人口為766萬、占總人口的37.5%；2070年臺灣老年人口為708萬、占總人口的43.6%。

因為少子化與老年化，臺灣的扶養比也會快速飆升。2022年扶養比（每百名工作年齡人口扶養15歲以下及65歲以上的總人數）為42.2人，2030年為53.2人、2040年為67.0人、2050年為87.5人、2070年為109.1人。特別是，2022年每四位工作年齡人口扶養1位老人，2030年每三位工作年齡人口扶養1位老人，2039年每兩位工作年齡人口扶養1位老人，2070年每一位工作年齡人口扶養1位老人。

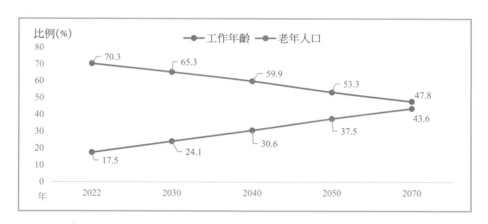

圖 7-10 **工作年齡、老年人口占總人口比例推估（2022-2070）**

臺灣不僅總人口逐年減少、工作年齡人口急遽減少、扶養比快速增加，而且高端專業人才持續淨外流、亦需要低階技術外國移工補充國內勞動力短缺。2019年，專業人才淨流出70.8萬人；2020-2022年

COVID-19疫情期間，專業人才淨流出大幅減少，可能是短暫現象。此外，2022年72.8萬產業與社福移工補充臺灣低階技術勞動力短缺，占全部勞動力的6.1%。

　　人口變遷不是遠在天邊的問題，而是迫在眉睫的嚴峻挑戰。例如，12年後的2035年，臺灣勞動力會比2022年減少164萬人，這些勞動力恐怕都須由國際移工填補。這是非常龐大的移工數量，將衝擊到人口結構、產業發展、社會福利與社會安全，而且如何在未來13年期間吸引與安排164萬人低階技術國際移工到臺灣工作都是相當棘手的挑戰。

生產要素、生產力與研發

CHAPTER **8**

經濟增長動能

　　一國經濟成長可以透過增加生產要素投入，或提升生產力兩種方式。惟若過度依賴生產要素投入之擴增，而無生產力之增進，在生產資源有限、甚至減少（例如勞動力減少）情況下，經濟將缺乏持續增長動能。

　　主計總處從2002年來開始發布《多因素生產力趨勢分析報告》，分析生產要素及生產力對經濟成長的貢獻。多因素生產力（Multifactor Productivity, MFP）為實質GDP相對於所投入原始生產要素（含勞動及資本）之比例，其成長的原因相當多元，包括技術變遷、研發創新、經營管理能力改善、投入品質提升、規模報酬、產業結構改變及投入要素運用效率等。

　　在資本方面，1982年至2001年資本投入對臺灣工業及服務業實質GDP的貢獻度，大致在2.2-3.7個百分點之間、貢獻率處於28-114%之間。隨著2000年以後投資率下降，資本投入對GDP成長的貢獻度也顯著下降。2002-2021年資本投入之貢獻度大致在1.3-2.3個百分點之間、貢獻率在27-68%之間。

　　在勞動投入方面，1982年至1995年勞動投入對臺灣工業及服務業實質GDP的貢獻度，大致在1.2-1.5個百分點之間、貢獻率大致在15-20%之間。隨著總人口與勞動人口增長減緩，1996以後勞動投入的貢獻度便維持在1個百分點以下，甚至兩個時期出現負貢獻度、貢獻率

大致在負11%至正16%之間。2002-2015年，勞動投入的貢獻度介於0.3-1.0個百分點、貢獻率在9-16%之間。2016-2021年，勞動投入的貢獻度為負0.3個百分點、貢獻率也為負6.3%。未來總人口與勞動力急邊減少，將對經濟成長形成沉重壓力。

在MFP方面，1982-1998年MFP對臺灣工業及服務業實質GDP的貢獻度，維持在2.2-5.3個百分點之間、貢獻率維持在30-56%。1999-2001年MFP的貢獻度與貢獻率，分別為負0.1個百分點及負3.1%。2002-2011年MFP的貢獻度維持在2.3-2.9個百分點之間，貢獻率則維持在46-55%之間。2012-2015年MFP的貢獻度與貢獻率，分別為0.7個百分點及21.7%。2016-2021年MFP的貢獻度高達2.3個百分點、貢獻率達到55.0%。

整體而言，從2002年以後，臺灣經濟成長的主要動能是資本投入與生產力提升，勞動投入的貢獻持續下降，甚至成為負的貢獻率。2016-2021年資本投入對經濟成長的貢獻率為51.2%，勞動投入的貢獻率為負6.3%，MFP增長的貢獻率為55.0%。

表8-1　工業及服務業實質國內生產毛額成長之來源

單位：%、百分點

年別	實質 GDP 成長率	項目	對實質 GDP 成長之貢獻		
			資本投入	勞動投入	MFP 成長
1982-1985	7.3	貢獻度	3.6	1.5	2.2
		貢獻率	49.7	20.6	29.7

年別	實質 GDP 成長率	項目	對實質 GDP 成長之貢獻		
			資本投入	勞動投入	MFP 成長
1986-1990	9.5	貢獻度	2.7	1.5	5.3
		貢獻率	28.1	15.4	56.4
1991-1995	7.3	貢獻度	2.2	1.2	4.0
		貢獻率	29.7	16.1	54.2
1996-1998	6.2	貢獻度	3.4	0.5	2.3
		貢獻率	55.1	7.9	37.0
1999-2001	3.2	貢獻度	3.7	-0.4	-0.1
		貢獻率	114.1	-11.0	-3.1
2002-2006	5.9	貢獻度	2.2	1.0	2.7
		貢獻率	37.5	16.3	46.2
2007-2011	4.6	貢獻度	1.3	0.4	2.9
		貢獻率	27.4	8.9	63.6
2012-2015	3.3	貢獻度	2.3	0.3	0.7
		貢獻率	68.4	9.9	21.7
2016-2021	4.1	貢獻度	2.1	-0.3	2.3
		貢獻率	51.2	-6.3	55.0

多因素生產力指數

　　生產力在過去20年經濟成長過程當中扮演重要力量。根據主計總處的《110年多因素生產力趨勢分析報告》統計資料，2001年整體工業與服務業多因素生產力指數為70.1；2001年到2020年增加36.6到106.7，增長52.2%。未來隨著勞動力愈來愈短缺，提升生產力是增進經濟成長非常重要的工作。

　　再細看，過去20年臺灣服務業生產力增長緩慢，工業生產力顯著增長，特別是ICT產業的生產力成長超過三倍。2001年至2020年，服務業生產力成長20.9%；相對的，工業生產力成長106.5%。在工業當中，製造業生產力增長是主力，成長128.3%。特別是，ICT產業是製造業的關鍵部門，成長319.2%。

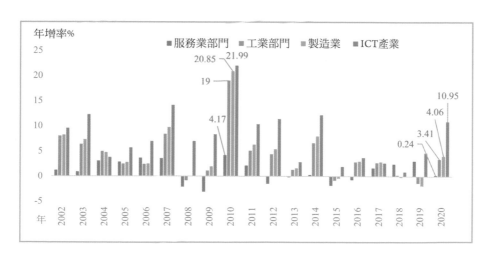

圖 8-1　**工業及服務業多因素生產力年增率（2001-2020）**

按時期分

分時期看，2001年到2007年臺灣整體工業與服務業的生產力指數增加16.9；2008年到2015年的生產力指數增加12.2；2016年到2020年的生產力指數增加7.5。在過去20年，工業與服務業生產力增長的速度在減緩。

依產業來看，2001年到2007年臺灣工業生產力指數增長18.7；2008年到2015年增長27.7；2016年到2020年增長7.7。2001年到2007年服務業生產力指數增長14.3；2008年到2015年增長為負2.5；2016年到2020年增長6.8。

再進一步看，臺灣工業生產力增加主要是製造業部門帶動，更精準說，是ICT產業帶動。2001-2007年ICT產業生產力指數增長18.5、2008-2015年增加49.2、2016-2020年增加23.8。

表 8-2 ▶ 工業及服務業多因素生產力指數（分時期，2001-2020）

基期：2016 年＝ 100

產業別	工業及服務業		服務業		工業		製造業		ICT 產業	
時期	平均指數	前後差距	平均指數	前後差距	平均指數	前後差距	平均指數	前後差距	平均指數	前後差距
2001	70.1		89.0		50.8		45.9		28.7	
2020	106.7	36.6	107.6	18.6	104.9	54.1	104.8	58.9	120.3	91.6
增長率	52.2		20.9		106.5		128.3		319.2	
2001-2007	77.9	16.9	94.6	14.3	60.2	18.7	55.1	18.6	37.0	18.5

產業別	工業及服務業		服務業		工業		製造業		ICT 產業	
時期	平均指數	前後差距	平均指數	前後差距	平均指數	前後差距	平均指數	前後差距	平均指數	前後差距
2008-2015	94.4	12.2	101.7	-2.5	85.8	27.7	83.5	32.6	75.4	49.2
2016-2020	103.4	7.5	104.1	6.8	102.4	7.7	102.2	7.7	107.0	23.8

各產業研發經費

　　生產力成長的因素相當多元，包括技術變遷、研發創新、經營管理能力改善、投入品質提升、規模報酬、產業結構改變及投入要素運用效率。這些因素當中，研發經費投入是提升各產業生產力的關鍵因素。

　　整體而言，1990年以後臺灣研發經費快速增加、加速邁向研發創新大國。1970年代研發經費占GDP比率（占比）為1.2%、1980年代占比為1.0%、1990年代占比為1.8%、2000年代占比為2.5%、2010年代占比為3.3%、2020-2021年占比為3.9%。

　　因此，依據世界經濟論壇（World Economic Forum, WEF）在2018年與2019年公布《全球競爭力報告》（*Global Competitiveness Report*），臺灣連續兩年奪得亞太地區「創新能力」冠軍、並高居全球第四，且與

德國、美國、瑞士並列全球四大「超級創新國家」（super innovators）。[1]

瑞士洛桑管理學院（International Institute for Management Development, IMD）發布的《2022年 IMD 世界競爭力年報》（*World Competitiveness Yearbook*），將臺灣在63個受評國家中評比第七，且在2,000萬人以上的經濟體中，連續兩年排名蟬聯世界第一。[2]

分時期看，1990-1999年臺灣研發經費年均1,318億新臺幣、占GDP比率（占比）為1.8%；2000-2007年為2,783億新臺幣、占比增加到2.4%；2008-2015年為4,574億新臺幣、占比增加到3.1%；2016-2022年為6,923億新臺幣、占比增加到3.6%。很明顯地，最近幾年研發經費大幅增加，進而提升產業競爭力。

然而，臺灣研發經費增加的原因主要是，製造業研發經費大幅擴增，服務業研發經費無論在絕對金額，或占全部研發經費的比率都非常少。2000年至2007年製造業研發經費年均1,603億元，占全部研發經費的比率（占比）為55.6%；服務業年均研發經費只有127億元，占比僅7.9%。[3]

2008年至2015年製造業年均研發經費增加1,302億元到達2,905億元，占比為63.2%；服務業年均研發經費僅增加122億元到達249億元，占比僅8.5%。

1　國家發展委員會的新聞稿，https://www.ndc.gov.tw/cp.aspx?n=A6A3B06EC0D0770B&s=8E466CABC4454633。

2　國家發展委員會的新聞稿，https://www.ndc.gov.tw/nc_27_35873。

3　製造業與服務業的研發經費加總並不等於全部研發經費，還有農業與工業其他行業，也還要加上政府及大學的研發經費。

　　2016年至2022年製造業年均研發經費增加1,978億元到達4,883億元，占比為70.2%；服務業年均研發經費僅僅增加167億元到達416億元，占比只有8.6%。

表8-3　研發經費

單位：億元、占 GDP 比率（%）、占全部研發經費比率（%）

時間	研發		製造業		服務業	
項目類別	年均金額	GDP 比率	年均金額	研發比率	年均金額	研發比率
1990-1999	1,318	1.8	n.a.	n.a.	n.a.	n.a.
2000-2007	2,783	2.4	1,603	55.6	127	7.9
2008-2015	4,574	3.1	2,905	63.2	249	8.5
2016-2022	6,923	3.6	4,883	70.2	416	8.6

按行業別分

　　2021年臺灣企業研發總經費共6,916億元，製造業研發經費總計6,393億元，占全部企業研發經費的比率（占比）達92.4%；服務業研發經費總計503億元，占比僅7.3%；其他產業研發經費只有21億元，占比更只有0.3%。

　　再進一步看，2021年製造業企業研發經費集中在「電子零組件製造業」（4,018億元、占全部企業研發經費的58.1%）、「電腦、電子產品及光學製品製造業」（1,386億元、占20.0%）。這兩項行業別總

和稱為「ICT製造業」[4]，其研發經費總計5,404億元、占比逼近八成（78.1%）、全部製造業的84.5%。

研發經費占比超過1%的其他行業，只有「機械設備製造業」（165億元、占2.4%）、「電力設備及配備製造業」（114億元、占1.6%）、「化學材料及肥料製造業」（100億元、占1.4%）、「汽車及其零件製造業」（71億元、占1.0%）。也就是說，除了「ICT製造業」，其他行業研發經費都非常有限，亟待突破挹注更多研發能量。

服務業研發經費503億元，且集中在三大行業：「出版影音及資通訊業」研發經費為202億元、占比為2.9%；「專業、科學及技術服務業」為108.1億元、占比為1.6%；「批發及零售業」研發經費為70億元、占比為1.0%。這三項行業研發經費總計379.5億元、便占了全部服務業的75.4%，但僅占全部企業的5.5%。也就是說，服務業研發能量本來就非常有限，又集中在這三項產業，其他行業研發經費都非常有限，甚至趨近於零，亟待突破挹注更多研發能量。

4　國家科學及技術委員會統計的「資訊通信科技（CT）產業」研發經費行業範圍是依據國際標準行業分類（第四次修正），包括：ICT製造業、ICT服務業、ICT商品交易業，相對應臺灣行業統計分類（第十一次修訂），包括行業分類：26, 271, 272, 273, 274, 4601, 4642, 5820, 61, 62, 631, 9521, 955。此外，這裡的統計僅包括企業部門，並不包括政府、高等教育、私人非營利部門。

表8-4　各行業企業部門研發經費（2021 年）

單位：百萬元、%

行業別	總計	比重
C. 製造業合計	639,259	92.4
08. 食品及飼品製造業	3,208	0.5
09. 飲料製造業	684	0.1
10. 菸草製造業		
11. 紡織業	2,267	0.3
12. 成衣及服飾品製造業	414	0.1
13. 皮革、毛皮及其製品製造業	3,907	0.6
14. 木竹製品製造業	5	0.0
15. 紙漿、紙及紙製品製造業	425	0.1
16. 印刷及資料儲存媒體複製業	349	0.1
17. 石油及煤製品製造業	2,760	0.4
18. 化學材料及肥料製造業	9,981	1.4
19. 其他化學製品製造業	5,125	0.7
20. 藥品及醫用化學製品製造業	9,105	1.3
21. 橡膠製品製造業	1,850	0.3
22. 塑膠製品製造業	3,403	0.5
23. 非金屬礦物製品製造業	1,377	0.2
24. 基本金屬製造業	3,596	0.5

行業別	總計	比重
25. 金屬製品製造業	3,555	0.5
26. 電子零組件製造業	401,801	58.1
27. 電腦、電子產品及光學製品製造業	138,588	20.0
28. 電力設備及配備製造業	11,367	1.6
29. 機械設備製造業	16,533	2.4
30. 汽車及其零件製造業	7,057	1.0
31. 其他運輸工具及其零件製造業	4,921	0.7
32. 家具製造業	251	0.0
33. 其他製造業	6,730	1.0
34. 產業用機械設備維修及安裝業	0	0.0
D-F. 電力及燃氣供應業、用水供應及污染整治業及營建工程業	2,032	0.3
G-S. 服務業合計	50,298	7.3
G. 批發及零售業	6,956	1.0
H. 運輸及倉儲業	496	0.1
I. 住宿及餐飲業	48	0.0
J. 出版影音及資通訊業	20,185	2.9
K. 金融及保險業	6,445	0.9
L. 不動產業	164	0.0
M. 專業、科學及技術服務業	10,810	1.6
Q. 醫療保健及社會工作服務業	4,749	0.7

行業別	總計	比重
其他行業	444	0.1
總計	691,589	100.0

註：其他行業包含「N.支援服務業」、「P.教育業」、「R.藝術、娛樂及休閒服務業」及「S.其他服務業」。

ICT產業研發經費

　　2021年製造業企業部門研發經費總計6,393億元，占全部企業研發經費的比率（占比）達92.4%，而「ICT製造業」研發經費總計5,404億元、占比逼近八成（78.1%）、全部製造業的84.5%，值得進一步分析「ICT產業」的研發經費情況。

　　依照國際標準行業分類對「ICT產業」定義[5]，國家科學及技術委員會（國科會）的統計顯示，2012年ICT產業研發經費達到2,367億元、占全部研發經費的比率（占比）為54.5%、是整體服務業（264億元）的9倍。ICT產業研發經費持續快速增加，2016年已經突破3,000億元到達3,124億元、占比為57.7%、為服務業研發經費的9.1倍，2019年突破4,000億元到達4,049億元、占比為61.3%、為服務業的9.8倍，2021年突破5,000億元到達5,486億元、占比為66.9%、為服務業的10.9倍。

5　國家科學及技術委員會統計的「資訊通信科技（CT）產業」研發經費行業範圍是依據國際標準行業分類（第四次修正），包括：ICT製造業、ICT服務業、ICT商品交易業，相對應臺灣行業統計分類（第十一次修訂），包括行業分類：26, 271, 272, 273, 274, 4601, 4642, 5820, 61, 62, 631, 9521, 955.

　　進一步觀察，全部研發經費每年增加的金額幾乎等於ICT產業研發經費增加的金額。2012年至2021年，全部研發經費增加3,866億美元，ICT產業研發經費增加3,119億元，占比達80.7%。其他產業加起來的研發經費只增加767億元、研發經費增加的幅度相當有限。

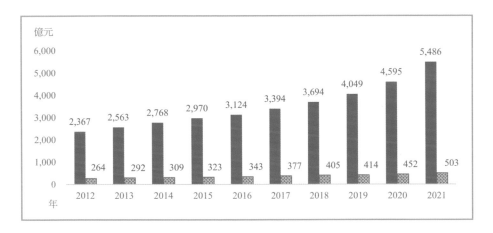

圖 8-2 **ICT 產業與服務業研發經費（2012-2021）**

依執行部門分

　　2012年臺灣全部研發經費為4,340億元，其中企業占74.2%、政府占13.9%、高等教育占11.6%、私人非營利部門占0.3%。往後九年，企業研發經費占全部研發經費的比率（占比）不斷提高，2018年達到80.3%；政府占比則持續下降，2020年已經低於10%僅9.6%；高等教育占比也持續下降；2015年已經低於10%僅9.9%，私人非營利部門占比也持續下降到趨近於零。

　　相較於2012年，2021年臺灣全部研發經費為4,340億元，其中企業增加3,695億元、占比增加10.1個百分點到84.3%；政府增加116億元、占比減少5.1個百分點到8.8%；高等教育增加60億元、占比減少4.7個百分點到6.9%；私人非營利部門減少4.7億元、占比減少0.2個百分點到0.1%。

　　再細看，2016-2021年研發經費占比的變化最大，臺灣全部研發經費增加2,789億元，其中企業增加2,716億元、占比高達84.3%；政府增加26億元、占比減少到8.8%；高等教育增加54億元、占比減少到6.9%；私人非營利部門減少76億元、占比減少到0.1%。

表8-5　各執行部門研發經費（2012-2021）

單位：百萬元、占比（%）

年別	總計		企業		政府		高等教育		私人非營利部門	
	金額	占比	金額	占比	金額	占比	金額	占比	金額	占比
2012	433,997	100.0	322,111	74.2	60,207	13.9	50,358	11.6	1,321	0.3
2013	458,433	100.0	346,206	75.5	59,877	13.1	50,895	11.1	1,455	0.3
2014	484,541	100.0	373,019	77.0	59,606	12.3	50,308	10.4	1,608	0.3
2015	511,618	100.0	397,163	77.6	62,125	12.1	50,761	9.9	1,569	0.3
2016	541,757	100.0	419,989	77.5	69,252	12.8	50,904	9.4	1,612	0.3
2017	574,502	100.0	454,116	79.0	67,420	11.7	51,560	9.0	1,406	0.2
2018	615,986	100.0	494,706	80.3	65,740	10.7	54,758	8.9	781	0.1
2019	660,511	100.0	534,586	80.9	69,754	10.6	55,302	8.4	869	0.1
2020	718,791	100.0	593,355	82.5	68,692	9.6	55,830	7.8	915	0.1

年別	總計		企業		政府		高等教育		私人非營利部門	
	金額	占比	金額	占比	金額	占比	金額	占比	金額	占比
2021	820,632	100.0	691,589	84.3	71,855	8.8	56,339	6.9	848	0.1
差距 2012-2021	386,635		369,478	10.1	11,648	-5.1	5,981	-4.7	-473	-0.2
2016-2021	278,875		271,600	6.8	2,603	-4.0	5,435	-2.5	-764	-0.2

依員工數分

　　2012年臺灣企業研發經費總額為3,221億元，中小企業（員工人數在200人以下）[6]的研發經費為456億元、占企業研發經費總額的比率（占比）為14.1%；大型企業（員工人數在200人以上）的研發經費為2,766億元、占比達85.9%；絕大部分的企業研發經費，都源自員工人數超過1,000人的大型企業（超大型企業），研發經費為1,944億元、占比超過六成（60.4%）。

　　過去十年，企業研發經費總額不斷增加，但是中小企業占比卻不斷減少、大型企業占比持續增加。相較於2012年，2021年中小企業的研發經費為687億元（增加50.7%）、占比僅9.9%（減少4.2個百分點）；大型企業的研發經費為6,229億元（增加125.2%）、占比達

6　根據《中小企業認定標準》法規，中小企業是指依法辦理公司登記或商業登記，實收資本額在新臺幣一億元以下，或經常僱用員工數未滿二百人之事業。

90.1%（增加4.2個百分點）；超大型企業的研發經費為4,964億元（增加155.3%）、占比為71.8%（增加11.4個百分點）。

特別是，2016年以後，大型企業研發經費增加的速度相當快。2012-2015年，企業研發經費總額增加751億元、增長23.3%；中小企業研發經費增加63億元、增長13.9%；大型企業增加687億元、增長24.9%；超大型企業增加612億元、增長31.5%。2016-2021年，企業研發經費總額增加2,716億元、增長64.7%；中小企業研發經費增加158億元、增長29.8%；大型企業增加2,558億元、增長69.7%；超大型企業增加2,262億元、增長83.7%。

再從研發經費增加金額來看，2012-2021年，企業研發經費總額增加3,695億元，中小企業增加231億元，占全部企業研發經費增加金額的比率（占比）為6.3%；大型企業增加3,464億元，占比為94.2%；

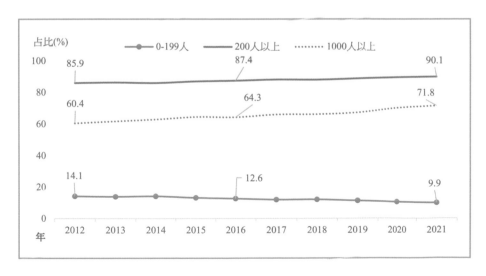

圖 8-3　企業研發經費依員工數區分（2012-2021）

超大型企業增加3,020億元，占比為81.7%。2016-2021年，企業研發經費總額增加2,716億元，中小企業增加158億元，占比為5.8%；大型企業增加2,558億元，占比為94.2%；超大型企業增加2,262億元，占比為83.3%。

國際比較

　　如上所言，臺灣在最近十年研發經費大幅提升，不僅絕對值提高，而且占GDP的比率（占比）大幅攀升，在主要國家研發經費占比的排名也顯著提升。根據國科會的統計，在馬英九總統任內，2012年臺灣研發經費占比為2.96%、在主要國家排名第7名；2013年占比為3.00%、排名第6名；2014年占比為2.98%、排名第7名；2015年占比為3.00%、排名第8名。

　　蔡英文總統上臺後，臺灣研發經費占比從2015年的3%，增加0.77個百分點到2021年的3.77%。2016年占比為3.09%、排名第6名；2017年占比為3.19%、排名第4名；2018年占比為3.35%、排名第3名；2019年占比為3.49%、排名第3名；2020年占比為3.61%、排名第3名。

　　不過，2012-2020年世界排名的前兩名，一直是以色列與韓國，他們的研發經費占比增加速度更快，臺灣要在短期內超越這兩個國家的困難度相當高。以色列的研發經費占比從2012年的4.14%增加1.3個百分點到2020年的5.44%；韓國從2012年的3.85%增加0.96個百分點到2020年的4.81%。相對之下，臺灣從2012年的2.96%僅增加0.65個百分點到2020年的3.61%。

表8-6 ▶ **歷年主要國家研發經費占 GDP 比率**

單位：%

國家	2012	2013	2014	2015	2016	2017	2018	2019	2020
以色列	4.14	4.07	4.16	4.26	4.51	4.66	4.80	5.14	5.44
韓國	3.85	3.95	4.08	3.98	3.99	4.29	4.52	4.63	4.81
臺灣	2.96	3.00	2.98	3.00	3.09	3.19	3.35	3.49	3.61
瑞典	3.23	3.26	3.10	3.22	3.25	3.36	3.32	3.39	3.49
日本	3.17	3.28	3.37	3.24	3.11	3.17	3.22	3.21	3.27
美國	2.67	2.70	2.72	2.79	2.85	2.91	3.01	3.18	3.45
德國	2.88	2.84	2.88	2.93	2.94	3.05	3.11	3.17	3.13
比利時	2.28	2.33	2.37	2.43	2.52	2.67	2.86	3.16	3.38
瑞士	2.85			3.04		3.03		3.15	
奧地利	2.91	2.95	3.08	3.05	3.12	3.06	3.09	3.13	3.22
中國	1.91	2.00	2.02	2.06	2.10	2.12	2.14	2.23	2.40
新加坡	1.92	1.92	2.08	2.17	2.07	1.90	1.81	1.89	
臺灣排名	7	6	7	8	6	4	3	3	3

說明：國科會彙整31個主要國家的研發經費占GDP比率，本書僅列出前十名及中國、新加坡的資料。

　　再依執行部門區分，主要國家研發經費占GDP比率的前幾名，主要都是以企業投資為主力。2019年以色列的企業研發經費占比為89.7%、臺灣為80.9%、韓國為80.3%；2020年以色列的企業研發經費占比為90.3%、臺灣為82.5%、韓國為79.1%。

　　也就是說，臺灣政府的角色應該是，營造企業投資研發的友善環境，包括租稅優惠與產官學研合作協助，以便創造更充沛的研發能量，讓經濟更加創新、提高產業生產力。

表 8-7 主要國家研發經費－各執行部門占比（2019-2020）

單位：%

國家	2019				2020			
	企業	政府	高等教育	非營利	企業	政府	高等教育	非營利
以色列	89.7	1.4	8.1	0.8	90.3	1.3	7.6	0.7
臺灣	80.9	10.6	8.4	0.1	82.5	9.6	7.8	0.1
韓國	80.3	10.0	8.3	1.4	79.1	10.1	9.0	1.8
日本	79.2	7.8	11.7	1.3	78.7	8.3	11.7	1.4
中國	76.4	15.5	8.1		76.6	15.7	7.7	
匈牙利	75.1	10.0	14.2		76.5	9.9	13.0	
美國	74.9	9.5	11.5	4.0	75.3	9.5	11.3	4.0
愛爾蘭	74.5	3.8	21.7		70.0	4.1	25.9	
比利時	73.7	8.8	16.7	0.8	73.9	8.3	16.9	0.9
瑞典	71.7	4.5	23.7	0.1	72.3	4.4	23.1	0.1

各國服務業研發經費比較

　　再聚焦服務業研發，臺灣服務業企業投入研發經費占企業總研發經費的比率（占比）僅8.1%，居經濟合作暨發展組織（Organisation for Economic Co-operation and Development, OECD）調查的37個經濟體之末。2014-2019年，以色列占比最高、達到79.6%；英國第8名、占比為58.9%；美國第27名、占比為34.8%；德國第34名、占比為14.0%；日本第35名、占比為11.9%；韓國第36名、占比為8.8%。在先進經濟體之中，臺灣服務業的研發投資相當不足。

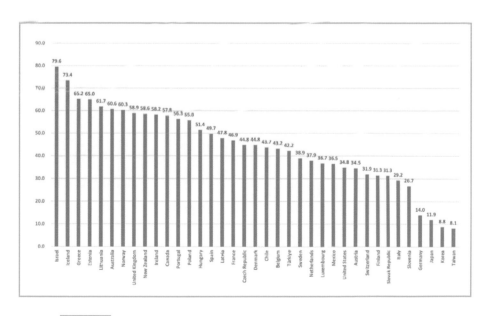

圖 8-4 　**各國服務業占企業總研發比重（2014-2019）**

小結

　　從2002年以後，臺灣經濟成長的主要動能是資本投入與生產力提升，勞動投入的貢獻則持續下降，甚至成為負的貢獻度與貢獻率。2016-2021年資本投入貢獻度為2.1個百分點、貢獻率為51.2%，勞動投入的貢獻度為負0.3個百分點、貢獻率為負6.3%，MFP的貢獻度為2.3個百分點、貢獻率為55.0%。未來總人口與勞動力急遽減少，對經濟成長會成為負面貢獻率的沉重壓力。

　　在生產力方面，2001年至2020年，臺灣整體工業與服務業的生產力提升52.2%。然而，產業提升的主力為工業，工業提升的主力為製造業，製造業提升的主力為ICT產業。2001年至2020年，工業生產力提高106.5%、製造業提高128.3%、ICT產業提高319.2%；相對來說，服務業只提升20.9%。

　　產業生產力的提升與研發經費有密切關係，2000年後臺灣大規模投資研發，讓臺灣成為全球超級創新國家。2020年全部研發金額占GDP的比率為3.61%。臺灣經濟邁入令人稱羨的創新國家行列，然而，研發經費嚴重傾斜ICT產業，並不是所有行業研發經費普遍增加，特別是服務業的研發經費增加相當有限。

　　2021年臺灣企業研發總經費共6,916億元，製造業研發經費總計6,393億元，占全部企業研發經費的比率（占比）達92.4%；而製造業研發經費集中在「ICT製造業」，其研發經費總計5,404億美元、占

比逼近八成（78.1%）、全部製造業的84.5%。服務業研發經費總計503億元，占比僅7.3%，其他產業研發經費只有21億元，占比更只有0.3%。服務業與其他行業研發經費都非常有限，亟待突破挹注更多研發能量。

服務業研發經費503億元集中在三大行業：「出版影音及資通訊業」、「專業、科學及技術服務業」與「批發及零售業」，這三項行業研發經費總計379.5億美元、便占了全部服務業的75.4%，但僅為全部企業研發經費的5.5%。也就是說，服務業的其他行業研發經費都非常有限，甚至趨近於零，亟待突破挹注更多研發能量。

更全面性觀察，ICT產業[7]囊括絕大部分的每年新增研發經費。2012年至2021年，全部研發經費增加3,866億美元，ICT產業研發經費增加3,119億元，占全部研發經費的80.7%，是全部研發經費增長的關鍵因素。其他行業的研發經費合計只增加747億元、增加幅度相當有限。此外，2021年ICT產業研發經費達到5,486億元、占全部研發經費的66.9%、為服務業的10.9倍。

過去10年，臺灣全部研發經費增加主要是企業驅動，政府與高等教育所占比率都快速下降。2021年全部研發經費為8,206億元，企業占84.3%、政府占8.8%、高等教育占6.9%。也就是說，臺灣政府的角色應該是，提供企業研發投資的友善環境，包括租稅優惠及產官學研合作協助。

7　包括ICT製造業、ICT服務業、ICT商品交易業。

　　過去10年，臺灣企業研發經費總額不斷增加，主要是因為大型企業研發經費增加，甚至絕大部分源自超大型企業。2021年中小企業的研發經費為687億元、占企業研發經費總額的9.9%；大型企業的研發經費為6,229億元、占90.1%；超大型企業研發經費為4,964億元、占71.8%。

　　在國際比較方面，2020年臺灣全部研發金額占GDP的比率為3.61%，僅次於以色列（5.44%）及韓國（4.81%），且2018-2020年臺灣穩居主要國家的第三名。不過，臺灣服務業企業投入研發經費的比率，屈居OECD調查的37個經濟體之末、只占8.1%；相對的，以色列服務業占企業總研發經費比率最高、達到79.6%。參照先進經濟體，再次印證臺灣服務業的研發投資相當不足。

企業規模與競爭力

CHAPTER 9

企業規模

　　企業是經濟發展的主體，具體組織資本、土地、勞動力、技術及其他生產要素，進而生產出產品或服務。然而，臺灣以中小企業為主體，需要進一步暸解中小企業的經濟特性。依據2020版《中小企業認定標準》，中小企業為實收資本額在1億元以下，或經常僱用員工數未滿200人者。

　　2021年臺灣全部企業家數為161萬多家，大型企業為17,453家、占全部企業的比率（占比）僅1.1%；而中小企業家數超過159萬家，占比達98.9%，創歷年新高，較2020年增加4.7萬家。

　　2021年全部企業就業人數為1,145萬人，大型企業就業人數225萬人、占全部就業人數的比率（占比）為19.6%，中小企業就業人數為920萬人、占比達80.4%。同年臺灣總受僱員工人數為916.9萬人，中小企業之受僱員工人數為692.3萬人（占比為75.5%），大型企業之受僱員工人數為122.1萬人（占比為13.3%）。

　　在銷售額方面，2021年中小企業銷售額為26.6兆元，占全體企業的比率（占比）為52.5%，較上年增加13.0%；其中，內銷額為23.2兆元，占比為61.6%，較上年增加11.5%；出口額為3.4兆元，占比為26.0%，年增率更達24.8%。

　　再者，根據上一章的分析，中小企業的研發經費占全部企業研發經費的比率（占比）持續下降。2012年中小企業占比為14.1%、大型企

業占比為85.9%、超大型企業占比為60.4%。經過10年至2021年，中小企業占比為9.9%，大型企業占比為90.1%、超大型企業占比為71.8%。

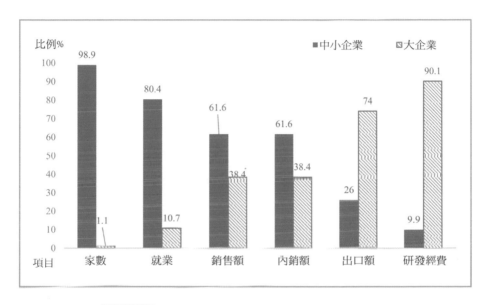

圖 9-1　**中小企業與大企業概況（2021）**

　　若以資本額級距觀察中小企業，臺灣中小企業大部分是小型企業、甚至很大比例是微型企業，不具內部規模經濟。2021年資本額500萬元以下之中小企業，約有141.8萬家，占全部企業家數的比率（占比）達88.9%。其中，未達10萬元者有66.2萬家，占比達41.4%。

表 9-1 ▶ **2021 年中小企業分布（按資本額級距）**

單位：萬家、占比（%）

	總計	10 萬	10-100 萬元	100-500 萬元	500-1000 萬元	1000-2000 萬元
家數	1,595,828	660,190	530,761	227,398	80,667	43,022
占比	100	41.4	33.3	14.2	5.1	2.7

產業分析

就三級產業觀察，臺灣中小企業以服務業為主。2021 年服務業中小企業為128.2萬家，占全部中小企業家數的比率（占比）約80.4%；工業中小企業有30.2萬家，占比約18.9%。

進一步分析，服務業中小企業的生產、銷售及出口競爭力不及工業中小企業。農業中小企業家數占比為0.7%，其銷售、內銷與出口額都僅占全部中小企業的0.2%；工業中小企業家數占比為18.9%，其銷售、內銷與出口額占全部中小企業家數的32.1%、31.2%與38.1%；服務業中小企業家數占比為80.4%，其銷售、內銷與出口額占全部中小企業家數的67.7%、68.6%與61.7%。

表 9-2 ▶ 中小企業分產業概況（2021）

單位：家；新臺幣十億元；比例（%）

項目類別	全部	農業	工業	服務業
家數	1,595,828	0.7	18.9	80.4
銷售額	26,619.5	0.2	32.1	67.7
內銷額	23,258.5	0.2	31.2	68.6
出口額	3,361.0	0.2	38.1	61.7

按行業別分

　　2021年中小企業以經營「批發及零售業」居多數，有73.7萬家，占整體中小企業家數的比率（占比）為46.2%。其次為「住宿及餐飲業」，有18.4萬家，占比為11.6%。第三為「營建工程業」，有14.6萬家，占比為9.2%。而後依序為「製造業」（占9.1%）、「其他服務業」（各類維修、洗衣、美髮及美容美體、殯葬、家事服務等，占5.8%），以及「專業、科學及技術服務業」（3.7%）。前四大行業中小企業家數占比高達76.1%；前六大行業則占85.6%。

表 9-3 ▶ **2021 年企業家數行業分布**

行業別	全部企業	大型企業	中小企業	占比	結構比
總計	1,613,281	17,453	1,595,828	98.9	100.0
農、林、漁、牧業	11,316	85	11,231	99.2	0.7
礦業及土石採取業	1,073	23	1,050	97.9	0.1
製造業	149,919	5,314	144,605	96.5	9.1
電力及燃氣供應業	2,474	160	2,314	93.5	0.2
用水供應及污染整治業	8,160	118	8,042	98.6	0.5
營建工程業	146,852	910	145,942	99.4	9.2
服務業					
批發及零售業	740,794	3,881	736,913	99.5	46.2
運輸及倉儲業	36,180	331	35,849	99.1	2.3
住宿及餐飲業	184,725	455	184,270	99.8	11.6
出版影音製作傳播及資通訊服務業	27,347	577	26,770	97.9	1.7
金融及保險業	23,186	2,014	21,172	91.3	1.3
不動產業	46,797	2,490	44,307	94.7	2.8
專業、科學及技術服務業	60,258	647	59,611	98.9	3.7
支援服務業	34,700	172	34,528	99.5	2.2
教育業	5,673	25	5,648	99.6	0.4
醫療保健及社會工作服務業	1,628	27	1,601	98.3	0.1

行業別	全部企業	大型企業	中小企業	占比	結構比
藝術、娛樂及休閒服務業	39,265	125	39,140	99.7	2.5
其他服務業	92,934	99	92,835	99.9	5.8

　　再檢視各行業中小企業吸納的就業人數。占該行業全部企業就業人數（占比）低於70%的中小企業行業，包括「電力及燃氣供應業」（18.2%）、「用水供應及污染整治業」（47.6%）、「公共行政及國防；強制性社會安全」（0%）、「教育服務業」（41.6%）、「醫療保健及社會工作服務業」（60.9%）。反之，有些行業的占比甚至高於98%，舉凡「農林漁牧業」（99.3%）、「營建工程業」（98.7%）、「批發零售業」（98.1%）、「住宿及餐飲業」（99.2%）。

　　再從該行業占全部中小企業就業人數比率（結構比）來說，2021年只有5個行業結構比達5%以上，包括「製造業」（23.0%）、「批發及零售業」（20.0%）、「營建工程業」（9.8%）、「住宿及餐飲業」（9.0%）、「農、林、漁、牧業」（5.8%），這5個行業累計聘僱的就業人數結構比為67.7%。

表9-4　**各行業企業就業人數（2021年）**

單位：千人

行業別	全部	大型企業	中小企業	占比	結構比
總計	11,447	2,247	9,200	80.4	100.0
農、林、漁、牧業	542	4	538	99.3	5.8

行業別	全部	大型企業	中小企業	占比	結構比
礦業及土石採取業	4	1	3	75.0	0.0
製造業	3,020	907	2,113	70.0	23.0
電力及燃氣供應業	33	27	6	18.2	0.1
用水供應及污染整治業	84	44	40	47.6	0.4
營建工程業	918	12	906	98.7	9.8
服務業					
批發及零售業	1,878	36	1,842	98.1	20.0
運輸及倉儲業	460	89	371	80.7	4.0
住宿及餐飲業	839	7	832	99.2	9.0
出版影音製作傳播及資通訊服務業	266	36	230	86.5	2.5
金融及保險業	433	54	379	87.5	4.1
不動產業	106	2	104	98.1	1.1
專業、科學及技術服務業	388	56	332	85.6	3.6
支援服務業	295	9	286	96.9	3.1
公共行政及國防；強制性社會安全	378	378	0	0.0	0.0
教育服務業	645	377	268	41.6	2.9
醫療保健及社會工作服務業	488	191	297	60.9	3.2
藝術、娛樂及休閒服務業	113	15	98	86.7	1.1
其他服務業	558	3	555	99.5	6.0

銷售額與出口

　　2021年全體企業銷售額約為50.7兆元，中小企業銷售額超過26.6兆元，占全體企業的52.5%；其中，全體企業內銷37.8兆元，中小企業占全體企業內銷額的61.6%。全體企業出口12.9兆元，中小企業占全體企業出口額的26.0%。反之，大企業內銷與出口占全體企業的比率，分別為38.4%與74.0%。

　　2021年大企業銷售額為24.1兆元，分別為內銷14.5兆元、出口9.6兆元。內銷額占大企業銷售額比率為 60.2%，出口占大企業銷售額的39.8%。反之，內銷額占中小企業銷售額的87.4%，出口額占中小企業銷售額的12.6%。

　　整體觀察，中小企業的生產與出口競爭力遠不及大企業，且中小企業相對倚重內銷市場。2021年中小企業家數占全部企業的比率（占比）達98.9%、就業人口占比為80.4%，但是銷售額占比僅52.5%、出口占比僅26.0%。再者，中小企業銷售額87.4%來自內銷市場，也就是出口傾向只有12.6%，大企業銷售額60.2%來自內銷市場，也就是出口傾向為39.8%。

　　中小企業相對倚重內銷市場，可能有三個因素：

　　第一，資本額 500 萬元以上的中小企業比率只有11.1%，未達10萬元的比率達41.4%，顯示絕大多數的中小企業都是小型企業、甚至是微型企業；不具規模經濟的競爭力。

第二，中小企業投入研發金額比率愈來愈小，難以運用科技創造競爭優勢。2012年中小企業研發經費占整體企業研發經費的比率為14.1%；2021年再降到9.9%。

第三，中小企業主體是服務業，而服務業出口通常會受到出口限制、進口限制、產業規格、人員流動、職業執照、語言文化、社會網絡的限制。

2012-2019年觀察，中小企業銷售與出口的絕對值均成長非常緩慢，且其占全部企業的銷售與出口比率也都在逐年下降，銷售額比率從30.4%降到29.6%，出口額比率從17.9%衰退到13.4%。2020-2021年一轉頹勢，主要因統計口徑改變；後續表現尚待追蹤觀察。[1]

---

1 經濟部於2020年6月24日修正發布「中小企業認定標準」，不分行業別，凡實收資本額在新臺幣1億元以下，或經常僱用員工人數未滿200人之事業，均認定為中小企業。原「中小企業認定標準」採實收資本額標準8,000萬元以下，本次修正實收資本額上限提高至1億元以下；另外，本次亦修正經常僱用員工數上限，不再區分行業別，統一由未滿100人調高為未滿200人。

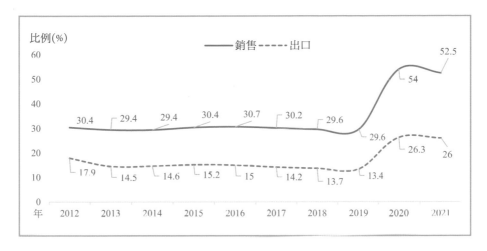

圖 9-2 中小企業的銷售額與出口額占比（2012-2021）

依行業別

中小企業的出口集中在三個行業：「批發零售業」出口為1.5兆元、占全部中小企業出口的比率（占比）為46.1%，「製造業」出口為1.3兆元、占比為37.5%；「運輸及倉儲業」出口為3,351億元、占比為10.0%。這三大行業共占全部中小企業出口的93.5%。

除了「專業、科學及技術服務業」（占比為1.7%）與「出版、影音製作、傳播及資通訊服務業」（占比為3.3%）超出1%之外，其他行業的出口占比都非常低、趨近於零。有些行業涉及規模經濟而無法由中小企業出口，例如金融服務業，但如何建構海內外的產業生態系與鏈結，應該有益於中小企業出口競爭力。

表 9-5　**2021 年各行業企業出口**

單位：百萬新台幣

行業別	全部企業	大型企業	中小企業	占比	結構比
總計	12,944,528	9,583,493	3,361,035	26.0	100.0
農、林、漁、牧業	8,391	1,563	6,828	81.4	0.2
礦業及土石採取業	265	0	265	100.0	0.0
製造業	8,754,417	7,493,956	1,260,461	14.4	37.5
電力及燃氣供應業	14,248	13,948	300	2.1	0.0
用水供應及污染整治業	14,077	5,057	9,020	64.1	0.3
營建工程業	38,127	27,413	10,714	28.1	0.3
服務業					
批發及零售業	3,219,531	1,671,202	1,548,329	48.1	46.1
運輸及倉儲業	495,246	160,131	335,115	67.7	10.0
住宿及餐飲業	2,160	1,492	668	30.9	0.0
出版影音製作傳播及資通訊服務業	159,418	102,868	56,550	35.5	1.7
金融及保險業	12,703	6,707	5,996	47.2	0.2
不動產業	3,833	2,189	1,644	42.9	0.0
專業、科學及技術服務業	205,639	95,615	110,024	53.5	3.3
支援服務業	10,622	1,021	9,601	90.4	0.3
教育業	124	24	100	80.6	0.0
醫療保健及社會工作服務業	705	98	607	86.1	0.0

行業別	全部企業	大型企業	中小企業	占比	結構比
藝術、娛樂及休閒服務業	543	64	479	88.2	0.0
其他服務業	4,480	147	4,333	96.7	0.1

小結

　　2021年臺灣全部企業家數為161萬多家，大型企業為17,453家、占全部企業的比率（占比）僅1.1%；而中小企業家數超過159萬家、占比達98.9%，創歷年新高。全部企業就業人數為1,145萬人，大型企業就業人數225萬人、占比為19.6%；中小企業就業人數為920萬人、占比達80.4%。

　　雖然臺灣中小企業占比很高，但大部分是小型企業、甚至很大比例是微型企業。2021年資本額500萬元以下之中小企業約有141.8萬家，占比達88.9%。其中，未達10萬元者有66.2萬家，占比達41.4%。

　　臺灣中小企業以服務業為主。2021年服務業中小企業家數為128.3萬家，占比約80.4%；工業中小企業家數有30.2萬家，占比約18.9%；農業中小企業家數有1.1萬家，占比約0.7%。

　　按行業別的家數觀察，2021年中小企業以「批發及零售業」居冠，占比為46.2%；其次為「住宿及餐飲業」，占比為11.6%。這兩項服務業便占全部中小企業家數的57.8%。接著是「營建工程業」（占

9.2%）、「製造業」（占9.1%）、「其他服務業」（占5.8%），以及「專業、科學及技術服務業」（占3.7%）。前五項服務業便占全部中小企業家數的81.9%。

　　2021年儘管中小企業家數占全部企業家數比達98.9%，就業人數占比達80.4%，但是中小企業銷售額占比僅61.6%，內銷額占比也是61.1%，出口占比更低到26.0%。尤其是，2012-2019年中小企業銷售與出口絕對值均成長非常緩慢，其占全部企業的銷售與出口比率也都逐年下降，銷售比率從30.4%降到29.6%，出口比率從17.9%衰退到13.4%。2020-2021年一轉頹勢，主要因統計口徑改變；後續表現尚待追蹤觀察。

　　整體而言，中小企業在生產、銷售與出口的競爭力都遠遠比不上大型企業，而提升競爭力的研發經費更是遠遠落後大企業，2021年中小企業研發經費占全部企業研發經費的比率為9.9%；反之，大型企業占比高達90.1%；其中，超大型企業占比為71.8%。

結論與建議

CHAPTER 10

　　國際貨幣基金會（IMF）在2022年10月預測，臺灣人均GDP自2003年以來將首次超越韓國，也會有史以來首次超越日本，成為東亞第一，讓國人莫不期待。[1] 2023年初各國公布實際數據，2022年臺灣人均GDP為32,811美元，超過韓國人均GDP（32,237美元），已經接近日本人均GDP（33,911美元）。過去三十多年臺灣的經濟發展如何演變與突破，至今人均GDP可以超越韓國、甚至再不久有可能超越日本？

　　過去三十多年，臺灣經濟歷經快速全球化、國際化、科技創新、人口變遷、氣候變遷與制度變遷，歷任政府都試圖尋找解方突破經濟發展與成長動能的瓶頸。蔡總統執政後，經濟成長動能與實質薪資增長已有所改善，領先很多已開發國家及亞洲開發中國家，但未來的總統仍需克服很多長期內外結構性挑戰，才能提高經濟成長動能與促進均衡發展。

　　以下將先檢討過去三十多年臺灣經濟發展經驗，再釐清當前經濟發展面對的挑戰，最後針對經濟改革與創新戰略提出十項思考建議。

1　國家發展委員會，「IMF預測台灣人均GDP將贏過日韓　成為東亞第一」，https://www.ndc.gov.tw/nc_14813_36297。

經濟發展經驗

經濟成長與產業結構

　　1970年代臺灣經濟成長率平均10.9%，1980年代為8.5%，李登輝總統執政的1990年代為6.6%，2000年以後經濟成長動能便急速下降。陳水扁總統執政的2000-2007年為4.9%；馬英九總統執政的2008-2015年為3.0%；蔡英文總統執政的最近7年經濟成長動能略為回升，2016-2022年的年均經濟成長率略微回升到3.4%。

　　隨著2000年以後經濟成長速度減緩，臺灣人均GDP增長也隨之減緩，到最近幾年才恢復成長動能。1990-1999年人均GDP每年平均成長率為6.3%，2000-2007年為3.4%，2008-2015年為3.3%，2016-2022年為5.5%。2022年人均GDP增加到32,811美元，從2003年以來第一次超越韓國。

表 10-1 ► **國內生產毛額（1990-2022）**

項目類別	國內生產毛額			人均 GDP		
	金額	金額	經濟成長率	金額	年增率	金額
單位	億美元	億元	%	美元	%	元
1990-1999 （李登輝總統執政）	2,526	71,380	6.6	11,889	6.3	335,335
2000-2007 （陳水扁總統執政）	3,461	114,465	4.9	15,315	3.4	506,444
2008-2015 （馬英九總統執政）	4,766	147,023	3.0	20,500	3.3	632,384
2016-2022 （蔡英文總統執政）	6,523	195,975	3.4	27,762	5.5	834,042

第一，過去22年臺灣實質薪資成長非常有限。在國際比較方面，2006-2015年臺灣年均實質薪資成長率處於低迷的0.2%，低於歐盟、北美及亞太主要經濟體。最近幾年實質薪資略為快速成長，主要受益於工業的實質薪資成長，而且從1980以來，2021年工業的實質薪資第一次超越服務業。2016-2022年臺灣年均實質薪資成長率加速成長到1.1%，雖已經領先歐盟、北美、拉美、非洲、香港及泰國，但仍落後全球與亞大經濟體平均。

第二，儘管過去32年人均所得增長有變化，但臺灣的所得分配維持相對平均，1990年代年均吉尼係數為0.317，2000-2022年維持在0.34。相較於已開發國家英國及美國、發展中國家的中國、印尼、馬

來西亞、菲律賓、泰國與越南，臺灣是一個所得分配較平均的國家。

第三，在產業結構方面，過去32年臺灣經濟產生四大變化：

1. 農業占臺灣GDP比率從1990年的4.0%到2022年只剩下1.4%。

2. 工業占臺灣GDP比率從1990年的39.3%衰退到2001年的28.9%，2022年逆轉增加到37.7%，臺灣經濟歷經「去工業化」與「再工業化」二個階段。

3. 資通訊（ICT）產業急速擴張，1990年占臺灣GDP比率只有5.7%，2021年則擴張到21.1%。

4. 服務業占臺灣GDP比率從1990年的56.9%急速擴張到2001年的歷史高峰69.2%；2022年逆轉到只剩下60.6%，幾乎回到1993的60.2%。

經濟成長的貢獻因素

從GDP各支出項目分析，臺灣經濟成長率從1990年代的6.6%下滑到2016-2022年的3.4%，消費貢獻率從1990年代的59.1%下滑到2016-2022年的21.6%，消費貢獻率巨幅下降是經濟成長率減緩顯著因素。最近7年經濟成長率從2008-2015年的3.0%微幅升高到2016-2022年的3.4%，投資顯著增加是關鍵因素，貢獻率從9.3%快速增長到41.9%。

再者，過去32年臺灣經濟成長率變化主要是服務業衰退的負面影響與ICT產業增長的正面貢獻，服務業衰退是2000年以後經濟成長率減緩的最關鍵因素。尤其是2016-2022年，ICT產業僅占GDP比重的18.5%，但是ICT產業對經濟增長的貢獻率高達47.8%；反之，服務業占GDP比率高達61.3%，惟服務業對經濟增長的貢獻率僅44.9%，已經

低於ICT產業。

再從生產要素說明，從2002年以後，臺灣經濟成長的主要動能是資本投入與生產力提升，勞動投入的貢獻則持續下降，甚至成為負的貢獻度與貢獻率。2016-2021年資本投入對經濟成長率的貢獻度為2.1個百分點、貢獻率為51.2%，勞動投入的貢獻度為負0.3個百分點、貢獻率為負6.3%，多因素生產力（MFP）的貢獻度為2.3個百分點、貢獻率為55.0%。未來總人口與勞動力持續減少，對經濟成長會成為負貢獻率的沉重壓力。

在產業方面，2001年至2020年，臺灣整體工業與服務業的生產力提升52.2%。然而，整體產業生產力提升的主力為工業，工業提升的主力為製造業，製造業提升的主力為ICT產業。2001年至2020年，工業生產力提高106.5%、製造業提高128.3%、ICT產業提高319.2%；相對來說，服務業只有提升20.9%。

當前經濟發展挑戰

提高經濟成長動能

蔡總統執政後，2016-2022年臺灣經濟成長動能與實質薪資增長已經有所改善，比馬總統執政時的經濟表現還要好，也領先很多已開發國家及亞洲開發中國家，但仍須提高經濟成長動能，才能加速經濟成長與提高實質薪資所得。

回顧過去32年，主要有六項變數解釋臺灣經濟成長的變化：

1. 消費：消費對經濟成長的貢獻率從1990年代的59.1%下滑到2016-2022年的21.6%，是經濟成長率減緩的顯著因素。

2. 投資：1990-1999年投資對經濟成長的貢獻率為23.6%、2000-2007年下滑至11.8%、2008-2015年再微幅下滑至9.3%、2016-2022年則提高到41.9%。最近7年，投資增加是經濟成長率增長的關鍵因素。

3. ICT產業：過去32年ICT產業增長對經濟成長有很大貢獻。2016-2022年，ICT產業僅占GDP比率的18.5%，但是ICT產業對經濟增長的貢獻率高達47.8%。

4. 服務業：服務業衰退是2000年以後經濟成長率減緩的最關鍵因素，也是實質薪資長期停滯成長的主因。2016-2022年，服務業占GDP比重高達61.3%，惟服務業對經濟增長的貢獻率僅44.9%，已經低於ICT產業。

5. 生產要素：2002年以後，經濟成長的主要動能是資本投入，勞動投入的貢獻則持續下降，甚至成為負的貢獻度與貢獻率。如何擴大低階技術移工到臺灣工作，將對產業發展及老年化社會運作很重要。此外，吸引高階技術人才到臺灣工作，將對高科技產業發展與產業升級非常重要。

6. 生產力：生產力提升是過去20年經濟成長的重要因素。2001年至2020年，工業生產力提高106.5%、製造業提高128.3%、ICT產業提高319.2%；相對來說，服務業只有提升20.9%。未來應該加強提升服務業生產力。

再進一步量化檢證消費、投資、工業與服務業對經濟成長的貢

獻。根據第一章的ARCH模型分析，投資貢獻率每增加1個百分點，則下季經濟成長率將提升0.394個百分點，消費貢獻率每增加1個百分點，則下季經濟成長率將提升0.205個百分點，且達到統計顯著關係（$p<0.01$）。投資貢獻率逼近消費貢獻率的兩倍。

根據第一章的ARCH模型分析，工業貢獻率每增加1個百分點，則下季經濟成長率將提升0.780個百分點，服務業貢獻率每增加1個百分點，則下季經濟成長率將提升0.382個百分點，且達到統計顯著關係（$p<0.01$）。工業貢獻率也將近服務業貢獻率的兩倍。

整體而言，臺灣未來經濟成長動能將取決於六項變數：提高消費率、提高投資率、維持工業（包括ICT產業及其他產業）快速增長、促進服務業增長、增加勞動力與人才、提高服務業生產力。

人口變遷與流動

臺灣人口變遷是經濟發展的長期嚴峻挑戰。工作年齡人口（15-64歲）在2015年達到歷史高峰的1,737萬人，總人口在2019年達到歷史高峰的2,360萬人，勞動力與就業人口在2020年達到歷史高峰，分別為1,196萬人與1,150萬人。2020年以後，總人口、工作年齡人口、勞動力與就業人口都會持續數十年減少；未來經濟面對的挑戰，完全不同於過去數十年的工作年齡人口與勞動力增長階段。

臺灣不僅總人口逐年減少、工作年齡人口急遽減少、扶養比快速增加，而且高端專業人才持續淨外流、也需要大量低階技術外國移工補充國內勞動力短缺。2019年專業人才淨流出70.8萬人；2020-2022年COVID-19疫情期間，專業人才淨流出大幅減少，可能是短暫現象。

此外，2022年72.8萬產業與社福移工補充低階技術勞動力短缺，占全部勞動力的6.1%。

人口變遷是迫在眉睫的嚴峻挑戰。例如，臺灣將於2025年後邁入超高齡社會。2022年老年人口為406萬、占總人口的17.5%；8年後的2030年老年人口為557萬、占總人口的24.1%。因為少子化與老年化，扶養比也會快速飆升，2022年扶養比為42.2人，8年後的2030年增加11人到53.2人。這些人口趨勢將衍生大量的高齡照護需求及社會保險給付，大幅加重政府財政支出負擔。

再者，12年後的2035年，勞動力會比2022年減少164萬人，這些勞動力短缺恐怕都須由國際移工填補。這是非常龐大的移工數量，將衝擊到臺灣人口結構、產業發展、社會福利與社會安全，而且如何在未來13年期間吸引與安排164萬人低階技術國際移工到臺灣工作都是相當棘手的挑戰。

第三，在吸引高端專業人才方面，2019年在臺灣工作的外國專業人員只有3.1萬人次、到海外工作的臺灣專業人才有73.9萬人，專業人才淨流出70.8萬人；2020-2022年COVID-19疫情期間，專業人才淨流出大幅減少，可能是短暫現象。雖然2022年吸引的外國專業人員已有4.7萬人次，但仍處於人才淨流出階段。面對少子化與工作年齡人口快速減少的趨勢，如何吸引高端專業人才更形重要。

服務業的競爭力

服務業占GDP比率從2001年的歷史高峰69.2%逐漸下滑，2022年只剩下60.6%，幾乎回到1993的60.2%。然而，服務業占全部就業人口

比率卻持續緩步上升，從2001年的55.9%增加到2022年的60.0%。產值占比下跌與就業人口比率卻上升，顯示服務業的競爭力下滑，可以再從以下數據觀察。

首先，服務業對GDP成長的貢獻率持續下降，從1990-1999年的73.1%下跌將近20個百分點到2000-2007年的53.4%、2008-2015年再下跌8個百分點到45.4%、2016-2022年微幅下跌0.5個百分點到44.9%。服務業對GDP成長的貢獻率大幅衰退是2000年以後臺灣經濟成長率減緩的關鍵因素。

其次，過去22年臺灣實質薪資成長非常有限，而服務業是實質薪資長期停滯成長的主因。2000年至2007年服務業每人每月平均實質薪資衰退1,597元，而工業卻增長1,662元；2008年至2015年服務業薪資衰退3,326元，而工業仍微幅增長60元；2016年至2022年服務業薪資增長3,194元，工業增長幅度則逼近服務業兩倍達到6,223元。

第三，服務業對固定資本形成毛額貢獻率從1990-1999年的60.7%下跌10.1個百分點到2001-2007年的50.6%；2008-2015年再微幅下跌到50.2%，2016-2022年的貢獻率已經低於50%、只有47.2%。

第四，過去17年臺灣的服務出口成長率快速，優於世界與已開發國家的平均，惟慢於開發中國家的平均。但是，臺灣的服務出口基數很小，2016-2022年服務出口僅486億美元，落後已開發國家相當多、甚至落後亞洲部分開發中國家。臺灣在世界服務出口的排名從2000年的第18名下跌到2021年的第27名。

第五，在生產力成長率方面，2000-2007年服務業為16%、工業為36.9%，2008-2015年服務業為負0.3%、工業為41.2%，2016-2020年服務業為7.6%、工業為4.9%。整體而言，服務業的生產力成長比工業

緩慢，只有在2016-2020年才微幅領先工業2.7個百分點，但是總體服務業生產力提升還是相當緩慢。2001年至2020年，工業生產力提高106.5%，而服務業生產力只有提升20.9%。

第六，在研發經費方面，2012年至2021年，整個服務業只增加239億元研發經費，占全部研發經費增加金額的6.0%。2021年服務業研發經費總計503億元、占全部研發經費的6.1%，而且集中在三大行業：「出版影音及資通訊業」、「專業、科學及技術服務業」與「批發及零售業」，占了全部服務業的75.4%；服務業的其他行業研發經費都非常有限，甚至趨近於零。相較之下，2021年製造業研發經費為6,393億元、占全部研發經費的77.9%，ICT產業研發經費達到5,486億元、占全部研發經費的66.9%、為服務業的10.9倍。

表 10-2▶　服務業的重要性

單位：%、元、億美元

項目類別	1990-1999	2000-2007	2008-2015	2016-2022
產值占 GDP 比重	62.0	67.0	64.7	61.3
就業人口比重		57.3	58.7	59.6
GDP 成長貢獻率	73.1	53.4	45.4	44.9
每人每月實質薪資增加額	10,759	-1,597	-3,326	3,194
固定資本形成毛額貢獻率	60.7	50.6	50.2	47.2
服務出口金額	111	161	318	486
生產力成長率		16.0	-0.3	7.6

項目類別	1990-1999	2000-2007	2008-2015	2016-2022
占全部研發經費比重			6.3	6.3

說明：2016-2022年固定資本形成毛額的貢獻率只有統計到2021年。生產力成長率時期分別為2001-2007, 2008-2015, 2016-2020。服務業占全部研發經費比重時期分別為：2012-2015, 2016-2021。

在國際比較方面，2020年臺灣全部研發金額占GDP的比率為3.61%，僅次於以色列（5.44%）及韓國（4.81%），從2018-2020年臺灣連續排名在主要國家的第三名。不過，臺灣服務業企業研發投入僅占企業總研發經費的8.1%，居OECD調查的37個經濟體之末；相對的，以色列服務業占企業總研發經費比率最高、達到79.6%。再次印證，在先進經濟體之中，臺灣服務業的研發投資相當不足。

未來臺灣經濟發展遭遇的挑戰，很大一部分會是服務業造成。服務業發展牽涉到國家經濟增長動能與實質薪資成長（影響所得分配），需要政府投入更多資源。然而，臺灣服務業有很多結構性問題需要政府克服，服務業企業研發不足、企業規模小、連鎖加盟規模小、缺乏海外群聚與產業鏈、缺乏國際品牌與全球通路。

更重要的，每項服務行業都至少有一個政府部會在管制或規範，包括企業准入、規格、執照、數量、價格。例如，衛福部管轄醫院的准入、數量、醫生執照、就醫價格、外國醫院的准入與外國醫生執業等等；教育部管轄大學的准入、院所科系標準、教師執照、學生數量與學費標準等等。因此，政府的角色與功能必然會影響醫療產業與教育產業的發展。

羅列服務業行業與政府管轄部會大致對照表如下：

表 10-3 ▶ 服務業行業與政府管轄部會

服務業行業	政府管轄部會
運輸及倉儲業	交通部
住宿及餐飲業	交通部
資訊及通訊傳播業	國家通訊委員會、數位發展部
金融及保險業	金融管理委員會
不動產業	內政部、經濟部
專業、科學及技術服務業	科技部、經濟部
支援服務業	勞動部
公共行政及國防；強制性社會安全	行政院、國防部、海洋委員會
教育服務業	教育部
醫療保健及社會工作服務業	衛福部
藝術、娛樂及休閒服務業	文化部、經濟部
其他服務業	內政部

更進一步，未來服務業的發展不僅需要放寬政府管制與規範，甚至必須結合政府力量與國際協商能力，才能進行產業整合與輸出。例如，智慧交通、智慧醫療、智慧城市、智慧電網等產業涉及到政府公權力與政策，必須讓中央與地方政府扮演整合產業鏈角色。而且，智慧產業服務要對外出口與投資，涉及到其他國家的政策開放、跨國經

營風險與跨國產業鏈的建立，更需要臺灣政府與其他國家協商，並協助整合國內產業生態系與在海外當地建構產業鏈。

ICT產業獨大現象

資通訊（ICT）產業對臺灣經濟成長動能非常關鍵，過去三十多年ICT產業發展非常成功。1990年ICT產業產值為772億元、占GDP的比率（占比）為5.7%；經過31年到2021年ICT產業產值為45,848億元、增長16.9倍、占比增加15.4個百分點到21.1%。再分時期看，1990-1999年ICT產業產值占比為6.8%、2000-2007年為12.7%、2008-2015年為15.7%、2016-2021年為18.5%。2021年ICT產業產值占比已經擴張到21.1%。

進一步說明，1990年ICT產業對臺灣經濟成長的貢獻率為10.5%；經過32年到2022年ICT產業的貢獻率提高到65.3%。再分時期看，1990-1999年ICT產業對經濟成長的貢獻率為16.6%、2000-2007年為39.4%、2008-2015年為50.5%、2016-2021年為47.8%。

針對出口的貢獻，包括「電子零組件」及「電腦電子光學製品」的「ICT製造業」已經成為臺灣出口主力，其占出口的比率由2000-2007年的46.5%，略降至2008-2015年的45.7%；惟最近7年成長非常迅速，2016-2019年旋即反彈到50.7%，囊括過半貨品出口，占比再增加7.9個百分點到2020-2022年的58.6%。

在生產力方面，ICT產業的生產力成長率非常快速，2001-2007年ICT產業生產力指數成長64.5%、2008-2015年成長90.9%、2016-2020成長20.3%。2001年至2020年，ICT產業生產力成長319.2%。

　　而促成生產力提升的重要因素為研發經費，2012-2015年ICT產業占全部研發經費比率為56.5%、2016-2021年為61.9%。2012年至2021年，全部研發經費增加3,866億美元，ICT產業研發經費增加3,119億元，占全部研發經費增加的80.7%，其他所有產業增加的研發經費只有747億元。

表 10-4 ▶　**ICT 產業的重要性**

單位：%

項目類別	1990-1999	2000-2007	2008-2015	2016-2022
產值占 GDP 比重	6.8	12.7	15.7	18.5
GDP 成長貢獻率	16.6	39.4	50.5	47.8
固定資本形成毛額貢獻率	13.4	28.6	30.3	34.3
貨品出口貢獻率		46.5	45.7	54.7
生產力成長率		64.5	90.9	20.3
占全部研發經費比重			56.5	61.9

說明：1.「ICT產業」貨品出口僅包括「電子零組件」及「電腦電子光學製品」。
　　　2. 生產力成長率時期分別為2001-2007, 2008-2015, 2016-2020。
　　　3. ICT產業占全部研發經費比重時期分別為：2012-2015, 2016-2021。

　　然而，正因為過去三十多年臺灣ICT產業發展太成功，帶動經濟快速成長與出口迅速擴張，卻掩飾了其他產業部門存在的問題，甚至讓我們忽略某些長期存在的結構性問題而未能及時提出積極應對政策。

例如，從1990-2021年，臺灣農業的投資率從0.5%跌到只剩0.1%，服務業的投資率從15.1%衰退到11.2%；2021年服務業的投資率11.2%已經比工業的14.7%落後、甚至快要被ICT產業的10.0%追上。

其次，2000年至2022年「紡織業」、「成衣及服飾品」、「皮革製品」、「木竹製品」的出口成長率都持續衰退；在2020-2022年的疫情三年，「農林漁牧業」出口衰退9.2%、受害特別嚴重。

第三，2001年至2020年，服務業生產力指數僅僅成長20.9%，遠遠落後於工業的106.5%與ICT產業的319.2%。

第四，2012年至2021年，ICT產業研發經費增加3,119億元，占了全部研發經費增加的80.7%，其他產業加起來的研發經費只增加767億元，其他製造行業僅僅增加325億元研發經費，整個服務業只增加239億元研發經費。2021年ICT產業研發經費達到5,486億元、為服務業的10.9倍。

第五，2021年服務業研發經費總計503億元，集中在三大產業：「出版影音及資通訊業」、「專業、科學及技術服務業」與「批發及零售業」，占了全部服務業的75.4%，服務業的其他行業研發經費都非常有限，甚至趨近於零。

ICT產業發展非常成功，對臺灣整體經濟與國家安全（例如臺積電被稱為護國神山）有非常正面的貢獻。然而，其他產業增長相對停滯、出口緩慢或持續衰退、服務業部門生產力增長緩慢、非ICT產業的研發經費非常貧乏、大部分服務業行業研發經費非常有限，甚至趨近於零，這些問題都必須處理，才能提高經濟成長動能，並促進經濟均衡發展與維持所得分配均衡。

中小企業的競爭力

中小企業是臺灣經濟的主體，2021年中小企業家數占全體企業的比率（占比）達98.9%，就業人數占比為80.4%，但是中小企業銷售額占比僅52.5%，內銷額占比僅61.6%，出口額占比僅26.0%，研發經費只有687億元、占比更只有9.9%。

若以2012-2019年觀察，中小企業銷售與出口的絕對值均成長緩慢，且其占全部企業的銷售與出口比率也都在逐年下降，銷售比率從2012年的30.4%微幅降到2019年的29.6%，出口比率更從2012年的17.9%衰退到2019年的13.4%。2020、2021年　　轉趨勢，主要因統計口徑改變；後續表現尚待追蹤觀察。[2]

整體而言，中小企業在生產、銷售與出口的競爭力都遠遠比不上大型企業，而提升競爭力的研發經費更是遠遠落後大企業。若以個別企業而言，中小企業個別企業競爭力更加遠遠落後大型企業個別企業。

2　經濟部於2020年6月24日修正發布「中小企業認定標準」，不分行業別，凡實收資本額在新臺幣1億元以下，或經常僱用員工人數未滿200人之事業，均認定為中小企業。原「中小企業認定標準」採實收資本額標準8,000萬元以下，本次修正實收資本額上限提高至1億元以下；另外，本次亦修正經常僱用員工數上限，不再區分行業別，統一由未滿100人調高為未滿200人。

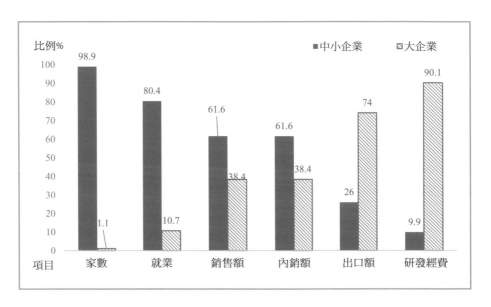

比例%

■中小企業　◪大企業

圖 10-1　**中小企業與大企業競爭力比較**

　　再者，2021年中小企業銷售額87.0%來自內銷市場，出口傾向只有12.6%，相對倚重內銷市場，可能有三個因素：

1. 資本額 500 萬元以上的中小企業比率只有11.1%，未達10萬元的比率達41.4%，不僅大部分中小企業都是小型企業、甚至是微型企業，不具內部規模經濟[3]的競爭力。

2. 2012年中小企業研發經費占整體企業比率為14.1%；2021年降到9.9%。中小企業投入研發金額比重愈來愈小，難以運用科技研發創造競爭優勢。

3　內部規模經濟（internal economies of scale）是指當廠商增加規模時，在成本上會遞減。

3. 中小企業主體是服務業，而服務業的出口通常會受到出口限
　　制、進口限制、產業規格、人員流動、職業執照、語言文化、
　　社會網絡的限制，導致服務出口難以擴張。

總而言之，中小企業的挑戰包括：

1. 大部分中小企業都是小型企業、甚至是微型企業，不具內部規
　　模經濟的競爭力，競爭力遠不如大企業。政府應該協助強化外
　　部規模經濟[4]的競爭力，包括整合廠商群聚或協助產業鏈結。

2. 中小企業投入研發金額比率愈來愈小，難以運用科技創造競
　　爭優勢，政府應該強化產官學研合作，協助中小企業進行研發
　　創新。

3. 中小企業家數主體（80.4%）是服務業，而服務出口卻不容易
　　拓展。臺灣的市場規模有限，需要透過服務出口擴大市場規
　　模，以便運用世界市場的規模經濟效果。政府應該協助國內中
　　小企業鏈結海外四萬多家臺商與無數僑商，協助拓展服務出口
　　國際市場，或合作建立海外據點進行當地服務。

存貸差與國際投資

　　自1999年第一次出現存貸差剩餘之後，臺灣的存貸差金額與
占GDP的比率（占比）便以狂飆的速度在增加。1999年的存貸差為

4　外部規模經濟（external economies of scale）則是來自於廠商的聚集或產業的擴
　　大。例如因為整個產業的聚集，使得專業知識與技術得以較容易的擴散，交通成本
　　可以降低，出現中間財的供應商，或是技術勞工得以匯集等。

1,131億元、占比為1.2%；2016-2022年的年均存貸差高達95,811億元、占比為48.7%。2022年的存貸差為117,290億元、占比為51.7%。

2001年至2022年，臺灣民眾的儲蓄率持續提高，但銀行體系並沒有將高額儲蓄率轉換成企業貸款，形成非常龐大的存貸差剩餘資金。例如：2022年存貸差為117,290億元，為中央政府總預算的5.2倍，為固定資本形成毛額的1.9倍。存貸差剩餘資金被轉換成債券投資、外匯占款、股權投資、對外投資（絕大部分是國際金融投資）或其他投資等形式存在，未必轉換成國內固定資產投資，可能阻礙經濟成長動能。

部分存貸差資金被轉換成對外投資，包括直接投資與金融投資。1990年代，臺灣國際投資淨額（包括國際直接與金融投資）累計290億美元，2000-2007年累計561億美元，2008-2015年累計2,260億美元，2016-2022年累計5,098億美元。特別是，2021-2022年累計2,043億美元。

臺灣國際投資淨額規模擴大，降低國內固定資本形成，可能阻礙經濟成長動能。以2022年為例，國際投資淨額937億美元，相當於新臺幣27,903億元，為該年中央政府總預算的1.2倍、為固定資本形成毛額的44.5%。

因此，如何改革產業體系與金融體系，讓銀行體系或投資者願意將龐大存貸差剩餘資金用於國內產業與金融投資，將會是相當大的挑戰。

提振非ICT產業出口

根據國際貨幣基金會（IMF）的預估，2021年臺灣的GDP為全球第22大經濟體，總額達到7,747億美元，固然是相當大的市場規模，

但是世界GDP是臺灣的125倍，更是規模龐大的市場，才能創造臺灣產業的規模經濟與龐大需求商機。[5]

過去數十年，臺灣經濟發展獲益於國際貿易，同時也積極投入國際貿易分工。在1990年代貨品貿易年均依存度為73.4%，2016-2022年達到101.6%。從2020年至2022年的疫情三年，對外貿易史無前例大爆發成長，貿易總額從6,148億美元增加2,927億美元到9,075億美元，貿易依存度增加到118.6%。

然而，2016-2022年臺灣貨品出口的快速增長，很大部分是由「ICT製造業」驅動，其占貨品出口比率由2000-2007年的46.5%，增加到2016-2019年的50.7%，再飆高到2020-2022年的58.6%。

相對的，2000年至2022年「紡織業」、「成衣及服飾品」、「皮革製品」、「木竹製品」出口成長率都持續衰退。在2020-2022年的疫情三年，「農林漁牧業」衰退9.2%、受害特別嚴重。如何提高非ICT產業的出口競爭力，或協助非ICT產業轉型升級，對於臺灣經濟成長動能與均衡發展非常重要。

此外，1990-1999年臺灣的服務貿易依存度為12.9%，緩慢增加到2016-2022年的15.2%。2020-2022年受COVID-19疫情影響，服務貿易的年均依存度大幅降低到12.4%。2016-2022年服務出口落後已開發國家相當多。臺灣在世界服務出口的排名從2000年的第18名下跌到2021年的第27名。服務業牽涉到六成GDP與就業人口，提升服務出口以擴大服務業的市場規模，是非常重要而艱巨的挑戰。

5　International Monetary Fund, World Economic Outlook database: October 2022.

經濟改革與創新戰略的十項思考建議

　　過去三十多年，臺灣經濟歷經快速全球化、國際化、科技創新、人口變遷、氣候變遷與制度變遷，歷任政府都試圖尋找解方突破經濟發展與成長動能的瓶頸。蔡總統執政後，經濟成長動能與實質薪資增長已經有所改善，但仍存在諸多既存的內外巨大結構性挑戰。特別是，面對內部產業結構調整及人口變遷的挑戰，與外部全球化及氣候變遷的挑戰，臺灣需要尋找經濟體制轉型的適當戰略，以便調整經濟結構與激發經濟成長動能，是政府與民間必須共同面對的嚴峻任務。

　　面對全球化、國際化、科技創新、人口變遷、氣候變遷與制度變遷的挑戰，臺灣需要積極改革與創新經濟，以因應未來國內外變局。然而，經濟改革與創新所造成的風險、不確定性、利益分配、價值衝突，以及推動改革的制度建構、配套政策與誘因機制，都會涉及到國內外的政治、經濟、社會及其他層面，必須非常謹慎小心，但又非常迫切緊急。

　　特別是，改革與創新將會觸及到相當多的既得利益者及弱勢者，需要兼顧到利害關係者的利益分配，甚至可能發生的價值衝突。而且，臺灣地理雖小，但是價值多元、利益分歧、各地方發展程度不同，故很難有一套完美無缺的戰略可以兼顧所有的面向、領域、風險、價值、利害相關者，而且也難以在事先有充分的準備、資訊、法

規、制度、組織與人才，以推行整體的經濟改革與創新。

　　因此，臺灣必須透過適當的戰略，先確認風險與調和利益，透過做中學及漸進評估的摸著石頭過河方式，逐步建構完備的體制與資源，找到在各地方因地制宜的試點發展模式或推行到全國的典範模式。

　　針對臺灣經濟改革與創新的戰略，我們提出十項思考建議如下：

1. 國際拓展：面對快速深化的全球化與國際化，商品、服務、人才、移工、技術、資金、資訊、品牌、標準、甚至價值的國際流動已是無法逆轉，未來的戰略應當以吸引國外生產資源與擴大國際市場規模為目標，以提升全球化、國際化與出口競爭力為各類政策成效的最關鍵績效標準，而非以國內市場規模或資源為標準。例如，臺灣的貿易體制、投資體制、生產體制、消費體制、金融體制、移民體制、法規調和、標準制定、制度改革、產業規範、人才培育等等，不僅應盡可能與國際接軌，而且應朝國際拓展的總目標規劃。

2. 跨域整合：經濟發展經常存在政策風險、資訊不足、不確性、協調失靈與外部性，同時需要推動產業群聚與國際鏈結以擴大外部規模經濟。政府可以考慮運用各產業協會為平臺，推動跨國交易平台（例如國際電子商務與國際金融匯兌）、產官學研（例如中小企業與新創企業研發能量）、跨產業（例如智慧經濟與數位支付）與海內外企業（例如服務業對外投資與國際產業鏈）的緊密互惠合作。特別是，政府可以運用在全球的四萬多家臺商、無數的僑商、205萬的臺僑與4,900萬華人，作為臺灣產業（特別是服務業）拓展世界市場，或對外投資的引路人

與合作夥伴。

3. **地方突破**：地方首長皆是選舉出身，有政績壓力，願意積極推動地方經濟發展。在適當的誘因機制、協調平臺與合作架構下，22個縣市可以採取各種試點計劃與政策，並以國際拓展目標為導向，成為國家推動經濟改革與創新的22部引擎。

4. **部會協力**：每項服務業行業後面幾乎都有一個政府部門規範與管理，再者新創產業（例如共享經濟、人工智慧產業）或潛力產業（例如運動經濟或影視產業）都需要跨部會協調整合，政府應該激發各部會的積極性，並以國際拓展目標為導向，主動促進每個行業或產業的產官學研交流與合作，透過法規鬆綁與行政創新擴大產業資源與優勢，對於振興經濟至關重要。在適當的誘因機制與合作架構下，以增進產業發展為目標，23個部會可以成為國家推動經濟改革與創新的另外23部引擎。

5. **試點推行**：試點推行是要確認改革與創新的風險與利益，同時培育管理人才與調整配套制度。試點推行的選擇對象應該是，最弱勢與範圍小的實體地區，或透過創新實驗沙盒（Sandbox）的限定範圍方式，而且應該因勢利導，考量地方政府或各部會的利益與規劃目標，順勢推動。例如，臺灣可以選擇三個離島試點經濟改革與創新計劃，或透過實驗沙盒推動醫療、金融與教育創新。

6. **放權讓利**：要試點推行各種制度改革與創新，必須考慮組織與行為者的誘因，因此政府應該給予參與改革與創新的組織與行為者更大的自主權力與支配改革獲得的利益。

7. **增量改革**：增量改革即是推行體制外改革、趨易避難、趨弱避

強，過渡期維持既得利益、保護弱勢團體。改革的受益者將是未來擴大改革的支撐力量，同時通過示範效應與競爭壓力，促使其他部門與地區效法推行改革。

8. 善用外力：經濟改革與創新是相當艱困的工程，而且以試點改革或增量改革在弱勢地區或組織推行改革，資源、制度、法規、人才與經驗可能不足。適當引進與善用外力將補充既有體制、法規、制度、組織、資本、人才、技術、市場與品牌的不足，突破經濟改革與創新的瓶頸。

9. 雙軌並進：要維持既得利益與保護弱勢團體，以避免他們的強力干擾與阻礙，需要透過雙軌並進的適當安排讓時間逐漸化解利益衝突，同時透過改革產生的利益與競爭壓力，激發既得利益或弱勢團體參與改革的團隊，逐步落實經濟改革與創新政策。

10. 分灶吃飯：讓每個縣市及其他經濟實體的財政資源自主與自負盈虧，使得各縣市及其他經濟實體能夠積極推動創新政策、創造更多資源、提升資源配置效率、推動經濟改革與創新。

附錄

附表 1 　國內生產毛額與人均國內生產毛額（1970-2022）

項目 類別	國內生產毛額			平均每人 GDP		
	數額	數額	經濟 成長率	數額	年增率	數額
單位	億美元	億元	%	美元	%	元
1970	58	2,314	11.5	397	11.2	15,868
1971	67	2,691	13.4	451	13.6	18,043
1972	81	3,225	13.9	530	17.5	21,189
1973	109	4,185	12.8	706	33.2	26,989
1974	147	5,601	2.7	934	32.3	35,483
1975	158	6,018	6.2	985	5.5	37,435
1976	190	7,215	14.3	1,158	17.6	43,992
1977	223	8,456	11.4	1,330	14.9	50,541
1978	274	10,114	13.6	1,606	20.8	59,348
1979	339	12,195	8.8	1,950	21.4	70,196
1980	423	15,225	8.0	2,389	22.5	85,995
1981	490	18,044	7.1	2,720	13.9	100,079
1982	495	19,380	4.8	2,699	-0.8	105,586
1983	542	21,694	9.0	2,903	7.6	116,305
1984	610	24,182	10.1	3,224	11.1	127,747
1985	636	25,351	4.8	3,314	2.8	132,093
1986	783	29,654	11.5	4,036	21.8	152,768

項目 類別	國內生產毛額			平均每人 GDP		
	數額	數額	經濟 成長率	數額	年增率	數額
單位	億美元	億元	%	美元	%	元
1987	1,050	33,449	12.8	5,350	32.6	170,512
1988	1,264	36,157	8.0	6,370	19.1	182,244
1989	1,527	40,325	8.7	7,613	19.5	201,065
1990	1,664	44,743	5.5	8,205	7.8	220,637
1991	1,871	50,180	0.4	9,125	11.2	244,739
1992	2,229	56,094	8.3	10,768	18.0	270,928
1993	2,349	62,002	6.8	11,242	4.4	296,672
1994	2,562	67,794	7.5	12,150	8.1	321,502
1995	2,790	73,911	6.5	13,119	8.0	347,526
1996	2,925	80,313	6.2	13,641	4.0	374,569
1997	3,033	87,051	6.1	14,020	2.8	402,380
1998	2,799	93,663	4.2	12,820	-8.6	428,946
1999	3,038	98,045	6.7	13,804	7.7	445,447
2000	3,307	103,285	6.3	14,908	8.0	465,574
2001	2,993	101,194	-1.4	13,397	-10.1	452,951
2002	3,074	106,309	5.5	13,686	2.2	473,260
2003	3,174	109,240	4.2	14,066	2.8	484,164
2004	3,469	115,962	7.0	15,317	8.9	512,047

項目類別	國內生產毛額			平均每人 GDP		
	數額	數額	經濟成長率	數額	年增率	數額
單位	億美元	億元	%	美元	%	元
2005	3,740	120,367	5.4	16,456	7.4	529,556
2006	3,865	125,726	5.8	16,934	2.9	550,863
2007	4,069	133,639	6.9	17,757	4.9	583,133
2008	4,158	131,151	0.8	18,081	1.8	570,279
2009	3,908	129,194	-1.6	16,933	-6.4	559,807
2010	4,442	140,603	10.3	19,197	13.4	607,596
2011	4,840	142,622	3.7	20,866	8.7	614,922
2012	4,955	146,778	2.2	21,295	2.1	630,749
2013	5,130	152,707	2.5	21,973	3.2	654,142
2014	5,353	162,580	4.7	22,874	4.1	694,680
2015	5,345	170,551	1.5	22,780	-0.4	726,895
2016	5,430	175,553	2.2	23,091	1.4	746,526
2017	5,908	179,833	3.3	25,080	8.6	763,445
2018	6,093	183,750	2.8	25,838	3.0	779,260
2019	6,113	189,086	3.1	25,908	0.3	801,348
2020	6,733	199,148	3.4	28,549	10.2	844,485
2021	7,758	217,390	6.5	33,059	15.8	926,314
2022	7,627	227,065	2.5	32,811	-0.8	976,914

附表 2 **每人每月實質總薪資（1980-2022）**

項目 類別	工業與服務業		工業		服務業	
	數額	年增率	數額	年增率	數額	年增率
單位	元	%	元	%	元	%
1980	18,029		16,730	22.0	20,742	
1981	18,709	20.7	17,373	20.8	21,353	19.8
1982	19,529	7.5	18,335	8.6	21,792	5.1
1983	20,356	5.7	19,295	6.7	22,385	4.1
1984	22,523	10.6	21,070	9.2	25,386	13.4
1985	23,521	4.3	22,039	4.4	26,440	4.0
1986	25,261	8.1	23,808	8.8	28,189	7.4
1987	27,422	9.1	25,873	9.2	30,482	8.7
1988	30,194	11.5	28,362	11.0	33,543	11.5
1989	33,391	15.5	31,304	15.3	36,836	14.7
1990	36,702	14.4	34,243	13.9	40,379	14.1
1991	39,148	10.5	36,944	11.8	42,290	8.5
1992	41,043	9.5	38,953	10.2	43,833	8.3
1993	42,922	7.7	40,692	7.5	45,716	7.4
1994	43,764	6.2	41,417	6.0	46,581	6.1
1995	44,377	5.1	41,972	5.1	46,985	4.6
1996	44,636	3.7	42,252	3.8	47,143	3.4

項目 類別	工業與服務業		工業		服務業	
	數額	年增率	數額	年增率	數額	年增率
單位	元	%	元	%	元	%
1997	46,380	4.9	43,658	4.3	49,218	5.4
1998	47,001	3.0	44,189	2.9	49,872	3.0
1999	48,313	3.0	45,504	3.2	51,138	2.7
2000	48,942	2.6	46,221	2.9	51,647	2.3
2001	49,090	0.3	45,648	-1.3	52,418	1.5
2002	48,696	-1.0	45,542	-0.4	51,712	-1.5
2003	49,463	1.3	46,864	2.6	51,913	0.1
2004	49,391	1.5	47,268	2.5	51,361	0.5
2005	48,815	1.1	47,406	2.6	50,079	-0.2
2006	48,895	0.8	47,797	1.4	49,858	0.2
2007	49,046	2.1	47,883	2.0	50,050	2.2
2008	47,384	0.0	46,281	0.1	48,321	-0.1
2009	45,522	-4.8	43,412	-7.0	47,209	-3.2
2010	47,587	5.6	46,328	7.8	48,604	4.0
2011	48,304	3.0	47,109	3.1	49,271	2.8
2012	47,540	0.3	46,715	1.1	48,198	-0.3
2013	47,232	0.1	46,475	0.3	47,827	0.0
2014	48,349	3.6	47,410	3.2	49,083	3.9

項目 類別	工業與服務業		工業		服務業	
	數額	年增率	數額	年增率	數額	年增率
單位	元	%	元	%	元	%
2015	49,705	2.5	49,045	3.1	50,214	2.0
2016	49,266	0.5	48,654	0.6	49,730	0.4
2017	50,169	2.5	49,599	2.6	50,598	2.4
2018	51,389	3.8	50,995	4.2	51,685	3.5
2019	52,128	*	51,550	1.7	52,542	1.7
2020	52,937	1.3	51,936	0.5	53,654	1.9
2021	53,482	3.0	53,967	6.0	53,133	1.0
2022	53,741	3.5	54,877	4.7	52,924	2.6

* 因2019年行業擴增幅度較大，為使比較基礎一致，當年數據不與前一年資料進行比較。

附表 3 ▶ 各產業產值及占 GDP 比率（1990-2022）

項目類別	1990	2000	2008	2016	2021	2022
農業						
數額（億元）	1,795	2,084	2,039	3,275	3,108	3,198
增長（億元）	468	289	-45	1,236	-167	89
占比（%）	4.0	2.0	1.6	1.9	1.4	1.4
工業						
數額（億元）	17,582	31,975	39,998	64,721	84,405	85,522
增長（億元）	9,676	14,393	8,023	24,723	19,684	1,117
占比（%）	39.3	31.0	30.5	36.9	38.8	37.7
服務業						
數額（億元）	25,452	69,292	87,547	107,557	130,248	137,507
增長（億元）	16,640	43,840	18,255	20,010	22,691	7,259
占比（%）	56.9	67.1	66.8	61.3	59.9	60.6
ICT 產業						
數額（億元）	2,555	11,259	19,801	31,402	45,848	
增長（億元）	1,784	8,704	8,541	11,601	14,446	
占比（%）	5.7	10.9	15.1	17.9	21.1	

附表 4 **各產業占 GDP 比率（1990-2022）**

單位：億美元、占比（%）

項目類別	國內生產毛額	農業	工業	服務業	ICT 產業
	數額	占比	占比	占比	占比
1990	1,664	4.0	39.3	56.9	5.7
1991	1,871	3.6	38.8	57.6	5.6
1992	2,229	3.4	37.0	58.9	5.6
1993	2,349	3.5	36.3	60.2	5.8
1994	2,562	3.4	34.9	62.0	5.9
1995	2,790	3.3	33.7	63.1	6.5
1996	2,925	3.0	33.0	64.0	7.2
1997	3,033	2.4	32.7	65.0	7.6
1998	2,799	2.4	32.1	65.4	8.5
1999	3,038	2.4	31.1	66.5	9.4
2000	3,307	2.0	31.0	67.1	10.9
2001	2,993	1.9	28.9	69.2	10.1
2002	3,074	1.8	30.6	67.3	11.5
2003	3,174	1.7	31.8	67.1	13.0
2004	3,469	1.7	32.4	66.4	13.4
2005	3,740	1.6	31.9	66.8	13.4
2006	3,865	1.6	31.8	66.6	14.6

項目類別	國內生產毛額	農業	工業	服務業	ICT 產業
	數額	占比	占比	占比	占比
2007	4,069	1.4	32.1	65.2	14.6
2008	4,158	1.6	30.5	66.8	15.1
2009	3,908	1.7	30.7	66.4	14.2
2010	4,442	1.6	33.3	64.8	15.0
2011	4,840	1.7	32.6	65.6	14.8
2012	4,955	1.7	32.4	65.1	15.2
2013	5,130	1.7	33.7	64.5	16.0
2014	5,353	1.9	35.8	62.9	17.7
2015	5,345	1.8	36.2	61.8	17.6
2016	5,430	1.9	36.9	61.3	17.9
2017	5,908	1.8	37.0	61.6	18.1
2018	6,093	1.7	36.5	62.3	17.6
2019	6,113	1.7	35.4	62.8	17.1
2020	6,733	1.6	37.2	60.9	19.2
2021	7,758	1.4	38.8	59.9	21.1
2022	7,627	1.4	37.7	60.6	

附表 5 ▶ 消費者物價指數與增長率（1990-2022）

項目類別	數額（億元）	年增率（%）	貢獻度 （百分點）	消費率（%）
1990	31,479	14.2	4.7	70.4
1991	35,310	12.2	4.1	70.4
1992	39,465	11.8	5.2	70.4
1993	43,386	9.9	4.3	70.0
1994	47,891	10.4	4.6	70.6
1995	52,191	9.0	2.1	70.6
1996	57,440	10.1	3.8	71.5
1997	62,372	8.6	3.9	71.6
1998	67,199	7.7	3.6	71.7
1999	69,877	4.0	2.9	71.3
2000	73,306	4.9	2.9	71.0
2001	74,655	1.8	0.8	73.8
2002	77,082	3.3	2.0	72.5
2003	78,705	2.1	1.6	72.0
2004	83,003	5.5	2.9	71.6
2005	86,376	4.1	1.9	71.8
2006	88,190	2.1	1.0	70.1
2007	91,391	3.6	1.3	68.4
2008	92,612	1.3	-0.9	70.6

項目類別	數額（億元）	年增率（%）	貢獻度 （百分點）	消費率（%）
2009	92,383	-0.3	0.0	71.5
2010	96,027	3.9	2.1	68.3
2011	99,670	3.8	1.6	69.9
2012	103,003	3.3	1.1	70.2
2013	105,016	2.0	1.4	68.8
2014	109,638	4.4	2.0	67.4
2015	111,513	1.7	1.5	65.4
2016	115,643	3.7	1.4	65.9
2017	118,122	2.1	1.4	65.7
2018	122,339	3.6	1.1	66.6
2019	125,359	2.5	1.2	66.3
2020	123,739	-1.3	-1.3	62.1
2021	126,350	2.1	-0.2	58.1
2022	134,527	6.5	1.6	59.2

附表 6 　消費者物價指數年增率（1990-2022）

項目類別	2021 = 100	年增率（%）
1990	64	4.1
1991	66	3.6
1992	69	4.5
1993	71	2.9
1994	74	4.1
1995	76	3.7
1996	79	3.1
1997	79	0.9
1998	81	1.7
1999	81	0.2
2000	82	1.3
2001	82	0.0
2002	82	-0.2
2003	82	-0.3
2004	83	1.6
2005	85	2.3
2006	85	0.6
2007	87	1.8
2008	90	3.5

項目類別	2021 ＝ 100	年增率（%）
2009	89	-0.9
2010	90	1.0
2011	91	1.4
2012	93	1.9
2013	94	0.8
2014	95	1.2
2015	95	-0.3
2016	96	1.4
2017	96	0.6
2018	98	1.4
2019	98	0.6
2020	98	-0.2
2021	100	2.0
2022	103	3.0

附表 7 固定資本形成毛額（1990-2022）

項目類別	數額（億元）	年增率（%）	對 GDP 貢獻度（%）	投資率（%）
1990	11,091	12.0	2.2	24.8
1991	12,371	11.5	2.7	24.7
1992	14,893	20.4	2.8	26.6
1993	17,132	15.0	2.6	27.6
1994	18,409	7.5	2.6	27.2
1995	20,251	10.0	2.0	27.4
1996	20,305	0.3	0.9	25.3
1997	22,294	9.8	2.5	25.6
1998	24,792	11.2	2.0	26.5
1999	25,424	2.6	0.9	25.9
2000	27,189	6.9	2.2	26.3
2001	22,350	-17.8	-4.6	22.1
2002	22,820	2.1	0.4	21.5
2003	23,624	3.5	0.3	21.6
2004	28,512	20.7	3.0	24.6
2005	29,227	2.5	0.8	24.3
2006	30,623	4.8	0.4	24.4
2007	32,194	5.1	0.4	24.1
2008	30,493	-5.3	-2.8	23.2

項目類別	數額（億元）	年增率（%）	對 GDP 貢獻度（%）	投資率（%）
2009	27,631	-9.4	-2.1	21.4
2010	33,301	20.5	4.1	23.7
2011	33,332	0.1	-0.3	23.4
2012	33,138	-0.6	-0.3	22.6
2013	34,660	4.6	1.6	22.7
2014	36,306	4.8	0.8	22.3
2015	36,638	0.9	0.6	21.5
2016	38,076	3.9	0.7	21.7
2017	37,959	-0.3	-0.1	21.1
2018	40,011	5.4	0.7	21.8
2019	45,266	13.1	2.4	23.9
2020	48,173	6.4	1.5	24.2
2021	56,764	17.8	3.5	26.1
2022	62,700	10.5	1.6	27.6

附表 8 ▶ 各產業投資率（1990-2021）

時間	農業	工業	製造業	ICT 產業	服務業
1990	0.5	9.1	6.5	2.4	15.1
1991	0.5	8.5	6.2	2.5	15.7
1992	0.4	9.0	6.8	2.5	17.1
1993	0.4	9.6	7.3	2.7	17.7
1994	0.4	9.8	7.8	2.8	17.0
1995	0.3	10.2	8.1	3.1	16.9
1996	0.3	9.5	7.7	3.4	15.4
1997	0.3	10.3	8.5	3.9	15.0
1998	0.2	10.6	8.7	4.6	15.6
1999	0.3	11.1	9.0	5.2	14.6
2000	0.2	12.7	10.9	6.8	13.5
2001	0.2	9.6	8.0	5.4	12.3
2002	0.2	9.4	7.9	5.4	11.9
2003	0.2	9.8	8.3	5.7	11.6
2004	0.1	12.2	10.9	7.8	12.2
2005	0.2	12.1	10.6	7.0	12.1
2006	0.1	12.7	11.3	7.7	11.5
2007	0.1	13.1	11.6	7.8	11.0
2008	0.1	11.9	10.4	6.9	11.2

時間	農業	工業	製造業	ICT 產業	服務業
2009	0.1	10.0	8.5	5.6	11.3
2010	0.1	12.4	10.9	7.6	11.2
2011	0.1	11.6	10.4	7.2	11.7
2012	0.1	10.9	9.7	6.7	11.6
2013	0.2	11.1	10.0	7.0	11.4
2014	0.2	10.8	9.6	6.8	11.4
2015	0.2	10.4	9.4	6.8	10.9
2016	0.1	10.8	9.8	7.2	10.7
2017	0.2	10.2	9.3	6.7	10.7
2018	0.2	10.7	9.6	6.9	10.9
2019	0.2	12.7	11.2	8.4	11.1
2020	0.2	12.8	10.9	8.2	11.1
2021	0.1	14.7	12.7	10.0	11.2

附表 9 ▶ 財政 (1990-2021)

單位：億元、%

年別	財政收入		財政支出		財政均衡	
	金額	占 GDP 占比	金額	占 GDP 占比	金額	占 GDP 占比
1990	10,924	24.4	10,975	24.5	-51	-0.1
1991	10,499	20.9	12,756	25.4	-2,257	-4.5
1992	12,576	22.4	15,619	27.8	-3,044	-5.4
1993	14,163	22.8	17,563	28.3	-3,400	-5.5
1994	15,028	22.2	18,264	26.9	-3,236	-4.8
1995	15,594	21.1	19,101	25.8	-3,506	-4.7
1996	16,042	20.0	18,438	23.0	-2,396	-3
1997	17,048	19.6	18,788	21.6	-1,740	-2
1998	20,535	21.9	19,926	21.3	609	0.6
1999	20,044	20.4	20,500	20.9	-456	-0.5
2000	27,849	27.0	31,409	30.4	-3,561	-3.4
2001	18,968	18.7	22,718	22.4	-3,749	-3.7
2002	17,879	16.8	21,450	20.2	-3,571	-3.4
2003	19,488	17.8	22,165	20.3	-2,677	-2.5
2004	19,274	16.6	22,450	19.4	-3,176	-2.7
2005	22,180	18.4	22,920	19.0	-740	-0.6
2006	21,770	17.3	22,142	17.6	-372	-0.3

年別	財政收入		財政支出		財政均衡	
	金額	占 GDP 占比	金額	占 GDP 占比	金額	占 GDP 占比
2007	22,448	16.8	22,902	17.1	-454	-0.3
2008	22,316	17.0	23,436	17.9	-1,120	-0.9
2009	21,136	16.4	26,709	20.7	-5,573	-4.3
2010	21,156	15.0	25,668	18.3	-4,513	-3.2
2011	23,062	16.2	26,129	18.3	-3,068	-2.2
2012	23,212	15.8	26,780	18.2	-3,568	-2.4
2013	24,576	16.1	26,652	17.5	-2,076	-1.4
2014	25,088	15.4	26,457	16.3	-1,369	-0.8
2015	26,623	15.6	26,452	15.5	171	0.1
2016	26,909	15.3	27,453	15.6	-544	-0.3
2017	27,533	15.3	27,784	15.4	-250	-0.1
2018	28,486	15.5	28,455	15.5	31	0
2019	29,319	15.5	29,116	15.4	202	0.1
2020	30,361	15.2	32,420	16.3	-2,059	-1
2021	33,211	15.3	33,603	15.5	-391	-0.2

附表 10 ▶ **貨品貿易 (1990-2022)**

項目類別	出口		進口		貿易總額		貿易均衡	
	數額	年增率	數額	年增率	數額	年增率	依存度	數額
單位	億美元	%	億美元	%	億美元	%	%	億美元
1990	674	3.3	548	6.3	1,222	2.9	73.4	126
1991	766	13.4	631	15.2	1,397	14.3	74.7	134
1992	821	0.7	724	7.5	1,545	10.6	69.4	98
1993	860	9.6	774	11.9	1,633	5.7	69.4	86
1994	943	10.0	857	11.1	1,800	10.2	70.2	86
1995	1,133	20.3	1,040	21.3	2,174	20.8	77.8	93
1996	1,176	7.6	1,029	2.7	2,205	1.4	75.4	147
1997	1,242	9.9	1,150	16.3	2,391	8.4	78.5	92
1998	1,126	6.2	1,052	7.0	2,178	-8.9	77.8	74
1999	1,237	6.0	1,112	2.0	2,349	7.9	77.3	125
2000	1,519	18.6	1,407	22.2	2,927	24.6	88.3	112
2001	1,266	-9.7	1,096	-15.9	2,362	-19.3	78.7	170
2002	1,358	9.9	1,151	7.7	2,509	6.2	81.6	207
2003	1,513	10.9	1,302	12.7	2,816	12.2	88.7	211
2004	1,836	18.1	1,715	28.2	3,552	26.1	102.5	121
2005	1,998	4.5	1,854	3.8	3,852	8.4	102.9	143
2006	2,259	14.4	2,064	12.7	4,323	12.2	111.9	195

項目 類別	出口		進口		貿易總額		貿易均衡	
	數額	年增率	數額	年增率	數額	年增率	依存度	數額
單位	億美元	%	億美元	%	億美元	%	%	億美元
2007	2,487	11.1	2,230	9.0	4,717	9.1	115.9	257
2008	2,578	-0.9	2,442	4.6	5,020	6.4	120.1	136
2009	2,052	-16.3	1,771	-23.7	3,823	-23.8	97.6	281
2010	2,774	29.4	2,557	38.3	5,331	39.4	119.7	216
2011	3,122	4.7	2,873	4.5	5,995	12.5	123.5	249
2012	3,053	-1.5	2,765	-3.0	5,818	-3.0	117.3	288
2013	3,109	2.0	2,774	0.5	5,882	1.1	114.2	335
2014	3,194	4.8	2,811	3.4	6,005	2.1	111.7	383
2015	2,844	-6.7	2,364	-11.9	5,208	-13.3	96.8	481
2016	2,792	-0.2	2,292	-1.4	5,084	-2.4	93.3	500
2017	3,155	6.8	2,572	6.1	5,727	12.7	97.0	583
2018	3,340	4.8	2,848	9.6	6,188	8.1	101.5	492
2019	3,292	1.1	2,857	2.9	6,148	-0.6	100.6	435
2020	3,451	0.2	2,861	-4.2	6,313	2.7	93.7	590
2021	4,464	22.6	3,820	26.4	8,283	31.2	106.7	644
2022	4,794	13.7	4,280	18.7	9,075	9.6	118.6	514

附表 11 ► **服務貿易（1990-2022）**

項目 類別	出口		進口		貿易總額		貿易均衡	
	數額	年增率	數額	年增率	數額	年增率	依存度	數額
單位	億美元	%	億美元	%	億美元	%	%	億美元
1990	70	-2.4	146	8.1	216	4.5	13.0	-77
1991	81	16.6	169	15.3	250	15.7	13.4	-87
1992	94	14.9	193	14.2	286	14.4	12.8	-99
1993	112	19.8	212	9.9	324	13.1	13.8	-100
1994	111	-1.2	210	-0.7	321	-0.9	12.5	-100
1995	125	12.8	240	14.2	365	13.7	13.1	-115
1996	133	6.3	243	1.3	376	3.0	12.9	-111
1997	130	-2.4	249	2.2	378	0.6	12.5	-119
1998	131	1.3	241	-3.0	372	-1.5	13.3	-110
1999	126	-3.7	243	0.9	370	-0.7	12.2	-117
2000	140	10.5	266	9.4	406	9.8	12.3	-127
2001	130	-6.6	245	-8.2	375	-7.6	12.5	-114
2002	136	4.6	247	1.1	384	2.3	12.5	-111
2003	131	-4.3	256	3.7	387	0.9	12.2	-126
2004	159	22.2	307	19.9	467	20.6	13.5	-148
2005	181	13.7	325	5.6	506	8.4	13.5	-143
2006	188	3.5	327	0.8	515	1.8	13.3	-139

項目類別	出口		進口		貿易總額		貿易均衡	
	數額	年增率	數額	年增率	數額	年增率	依存度	數額
單位	億美元	%	億美元	%	億美元	%	%	億美元
2007	220	17.3	348	6.4	568	10.4	14.0	-128
2008	233	5.9	349	0.1	582	2.4	14.0	-115
2009	205	-12.2	296	-15.1	501	-13.9	12.8	-91
2010	267	30.0	377	27.4	644	28.5	14.5	-110
2011	306	14.9	419	11.1	725	12.7	15.0	-113
2012	345	12.7	529	26.3	875	20.6	17.7	-184
2013	365	5.5	517	-2.4	881	0.7	17.2	-152
2014	416	14.0	529	2.4	945	7.2	17.7	-113
2015	410	-1.5	518	-2.1	928	-1.8	17.4	-108
2016	413	0.8	518	0.1	931	0.4	17.1	-105
2017	452	9.5	540	4.2	992	6.5	16.8	-88
2018	502	11.0	568	5.3	1,070	7.9	17.6	-66
2019	518	3.2	569	0.1	1,087	1.6	17.8	-51
2020	412	-20.5	375	-34.2	787	-27.7	11.7	38
2021	520	26.2	396	5.6	916	16.4	11.8	124
2022	584	12.2	452	14.3	1,036	13.1	13.6	131

附表 12 ▶ **儲蓄率與存貸差（2000-2022）**

單位：億元、占比（%）

年度	儲蓄率	存款餘額	貸款餘額	存貸差	
	比率（%）	億元	億元	金額	占 GDP 的比率
2000	29.2	136,774	132,954	3,820	3.7
2001	26.7	145,499	130,946	14,553	14.4
2002	28.0	149,623	128,729	20,894	19.7
2003	29.7	159,463	135,047	24,416	22.4
2004	30.0	170,836	148,625	22,211	19.2
2005	29.1	181,766	160,984	20,782	17.3
2006	30.5	190,341	165,011	25,330	20.1
2007	31.1	193,138	169,446	23,692	17.7
2008	29.2	209,936	173,784	36,152	27.6
2009	28.9	223,408	175,544	47,865	37.0
2010	32.8	235,982	187,355	48,626	34.6
2011	31.2	247,833	198,193	49,640	34.8
2012	30.5	255,873	203,725	52,148	35.5
2013	32.4	271,010	209,788	61,223	40.1
2014	34.4	287,480	219,356	68,124	41.9
2015	35.5	305,941	226,041	79,901	46.8
2016	35.2	317,362	234,577	82,785	47.2
2017	35.6	330,185	244,834	85,351	47.5

年度	儲蓄率	存款餘額	貸款餘額	存貸差	
	比率 (%)	億元	億元	金額	占 GDP 的比率
2018	34.8	339,885	257,554	82,331	44.8
2019	34.7	356,369	270,560	85,809	45.4
2020	38.8	394,716	290,064	104,652	52.5
2021	42.9	426,418	313,956	112,462	51.7
2022	41.3	457,329	340,039	117,290	51.7

附表 13 **臺灣工業對外直接投資（2000-2022）**

單位：萬美元、占比（%）

項目 類別	製造業		礦業		電力		用水		營造業		工業	
	金額	占比	金額	占比	金額	占比	金額	占比	金額	占比	金額	占比
2000	335,401	99.3	25	0.0	1,769	0.5	0	0.0	662	0.2	337,858	100
2001	428,382	99.2	180	0.0	742	0.2	0	0.0	2,563	0.6	431,867	100
2002	694,380	98.7	1,110	0.2	6,133	0.9	487	0.1	1,095	0.2	703,204	100
2003	755,138	98.9	2,123	0.3	1,520	0.2	1,785	0.2	3,129	0.4	763,694	100
2004	781,419	98.6	3,088	0.4	5,400	0.7	873	0.1	2,036	0.3	792,817	100
2005	594,439	98.0	8,455	1.4	120	0.0	275	0.0	3,264	0.5	606,553	100
2006	815,743	99.1	115	0.0	4,626	0.6	439	0.1	1,898	0.2	822,821	100
2007	1,028,330	99.1	384	0.0	4,783	0.5	685	0.1	3,319	0.3	1,037,501	100
2008	1,064,438	99.2	851	0.1	1,397	0.1	508	0.0	5,461	0.5	1,072,655	100
2009	680,053	99.3	0	0.0	1,700	0.2	280	0.0	2,906	0.4	684,939	100
2010	1,194,747	98.7	1,464	0.1	4,631	0.4	30	0.0	9,027	0.7	1,209,899	100
2011	1,152,819	98.9	1,362	0.1	150	0.0	5,357	0.5	6,343	0.5	1,166,031	100
2012	1,005,302	99.1	826	0.1	0	0.0	2,255	0.2	6,096	0.6	1,014,479	100
2013	784,441	88.0	100,022	11.2	0	0.0	3,178	0.4	3,881	0.4	891,522	100
2014	798,811	97.0	16,921	2.1	1,371	0.2	1,810	0.2	4,893	0.6	823,806	100
2015	938,458	99.1	2,611	0.3	3,081	0.3	815	0.1	1,888	0.2	946,852	100
2016	1,355,053	98.7	951	0.1	5,056	0.4	4,605	0.3	7,063	0.5	1,372,728	100
2017	811,845	92.2	61,270	7.0	0	0.0	5,575	0.6	1,811	0.2	880,501	100
2018	995,464	97.1	16,088	1.6	2,000	0.2	6	0.0	11,795	1.2	1,025,353	100

項目類別	製造業		礦業		電力		用水		營造業		工業	
	金額	占比	金額	占比	金額	占比	金額	占比	金額	占比	金額	占比
2019	465,582	90.0	30,170	5.8	16,141	3.1	346	0.1	4,846	0.9	517,086	100
2020	901,964	96.2	8	0.0	23,511	2.5	6,586	0.7	5,459	0.6	937,528	100
2021	901,975	98.7	700	0.1	4,698	0.5	1,011	0.1	5,091	0.6	913,476	100
2022	709,906	88.7	84,795	10.6	2,471	0.3	36	0.0	3,345	0.4	800,554	100

註：礦業＝礦業及土石採取業；電力＝電力及燃氣供應業；用水＝用水供應及污染整治業。

附表 14 ▶ 臺灣服務業對外直接投資（2000-2022）

單位：萬美元、占比（%）

年度	批發及零售業		運輸及倉儲業		資訊及通訊傳播業		金融及保險業		服務業	
	金額	占比	金額	占比	金額	占比	金額	占比	金額	占比
2000	30,669	7.1	20,423	4.8	48,837	11.4	299,987	69.8	429,736	100
2001	32,821	11.5	16,136	5.7	50,366	17.7	168,920	59.3	284,647	100
2002	43,965	14.5	19,023	6.3	22,845	7.5	192,941	63.6	303,190	100
2003	44,961	11.3	20,227	5.1	18,124	4.5	267,111	66.9	399,116	100
2004	43,392	18.2	10,872	4.5	16,090	6.7	142,748	59.7	238,956	100
2005	45,300	19.0	11,589	4.9	16,166	6.8	146,627	61.6	238,098	100
2006	78,897	21.3	15,750	4.2	14,898	4.0	223,235	60.2	371,115	100
2007	58,172	9.8	3,637	0.6	18,924	3.2	476,726	80.4	593,186	100
2008	82,765	20.1	18,224	4.4	49,507	12.0	205,536	50.0	411,228	100
2009	102,957	34.1	9,360	3.1	17,500	5.8	144,392	47.9	301,756	100
2010	133,920	26.3	8,088	1.6	34,967	6.9	174,946	34.3	509,572	100
2011	154,381	24.3	23,206	3.7	69,645	11.0	280,227	44.1	635,192	100
2012	156,132	14.5	37,255	3.5	20,092	1.9	648,591	60.4	1,073,670	100
2013	138,902	25.3	11,326	2.1	25,359	4.6	270,410	49.2	549,694	100
2014	194,923	21.0	5,092	0.5	25,345	2.7	528,211	56.9	928,182	100
2015	126,279	10.2	11,918	1.0	19,821	1.6	886,755	71.4	1,242,259	100
2016	154,243	19.1	43,834	5.4	22,065	2.7	475,688	59.0	805,750	100
2017	189,744	15.8	20,896	1.7	20,463	1.7	908,805	75.8	1,199,735	100
2018	183,640	14.7	30,867	2.5	18,629	1.5	945,411	75.6	1,250,170	100

年度	批發及零售業		運輸及倉儲業		資訊及通訊傳播業		金融及保險業		服務業	
	金額	占比	金額	占比	金額	占比	金額	占比	金額	占比
2019	153,044	26.4	24,876	4.3	18,603	3.2	325,462	56.2	579,366	100
2020	237,448	28.8	29,414	3.6	7,553	0.9	484,397	58.7	825,004	100
2021	345,127	37.3	21,781	2.4	11,627	1.3	497,710	53.8	925,296	100
2022	147,302	21.2	194,878	28.1	12,236	1.8	254,979	36.7	694,428	100

附表 15 ▶ 臺灣國際投資（1990-2022）

單位：億美元

項目 類別	國際直接投資			國際金融投資			國際投資		
	資產	負債	淨額	資產	負債	淨額	資產	負債	淨額
1990	16	25	-10	165	53	112	181	78	102
1991	18	20	-2	54	39	14	72	59	12
1992	11	18	-7	78	19	58	89	37	51
1993	48	13	35	86	56	29	134	69	64
1994	26	17	9	95	93	1	121	110	10
1995	24	31	-7	102	34	68	126	65	61
1996	34	26	8	158	92	67	192	118	75
1997	72	47	25	72	29	43	144	76	68
1998	53	39	14	3	64	-61	56	103	-47
1999	45	44	1	20	127	-107	65	171	-106
2000	77	77	0	177	115	62	254	192	62
2001	72	52	20	157	128	29	229	180	49
2002	101	33	68	72	142	-70	173	175	-2
2003	117	36	81	302	432	-130	419	468	-49
2004	103	40	63	217	326	-109	320	366	-46
2005	85	42	43	416	454	-38	501	496	5
2006	120	140	-20	401	205	196	521	345	176
2007	164	154	10	481	125	356	645	279	366

項目類別	國際直接投資			國際金融投資			國際投資		
	資產	負債	淨額	資產	負債	淨額	資產	負債	淨額
2008	152	83	69	-221	-189	-32	-69	-106	37
2009	101	48	53	7	173	-166	108	221	-113
2010	174	39	135	167	254	-87	341	293	48
2011	181	51	130	217	44	173	398	95	303
2012	209	50	159	356	141	215	565	191	374
2013	144	53	91	785	481	304	929	534	395
2014	176	61	115	631	224	406	807	285	521
2015	219	51	168	286	-241	527	505	-190	695
2016	218	113	105	634	131	502	852	244	607
2017	208	78	130	859	190	669	1067	268	799
2018	228	117	111	367	-112	479	595	5	590
2019	110	113	-3	530	-27	556	640	86	553
2020	177	93	84	162	-260	422	339	-167	506
2021	185	76	109	775	-222	997	960	-146	1,106
2022	150	133	17	165	-755	920	315	-622	937

註：國際金融投資包括證券、衍生性金融商品及其他。

附表 16 ▶ 人口變遷與總生育率（1991-2022）

| 項目
類別 | 人口 | | 出生 | | 總生育率 |
	數額 （人）	年增率 （%）	數額 （人）	比率 （‰）	比率 （%）
1991	20,605,831	1.0			1.7
1992	20,802,622	1.0			1.7
1993	20,995,416	0.9	325,613	15.6	1.8
1994	21,177,874	0.9	322,938	15.3	1.8
1995	21,357,431	0.9	329,581	15.5	1.8
1996	21,525,433	0.0	325,545	15.2	1.8
1997	21,742,815	1.0	326,002	15.1	1.8
1998	21,928,591	0.9	271,450	12.4	1.5
1999	22,092,387	0.8	283,661	12.9	1.6
2000	22,276,672	0.8	305,312	13.8	1.7
2001	22,405,568	0.6	260,354	11.7	1.4
2002	22,520,776	0.5	247,530	11.0	1.3
2003	22,604,550	0.4	227,070	10.1	1.2
2004	22,689,122	0.4	216,419	9.6	1.2
2005	22,770,383	0.4	205,854	9.1	1.1
2006	22,876,527	0.5	204,459	9.0	1.1
2007	22,958,360	0.4	204,414	8.9	1.1
2008	23,037,031	0.3	198,733	8.6	1.1

項目類別	人口		出生		總生育率
	數額（人）	年增率（%）	數額（人）	比率（‰）	比率（%）
2009	23,119,772	0.4	191,310	8.3	1.0
2010	23,162,123	0.2	166,886	7.2	0.9
2011	23,224,912	0.3	196,627	8.5	1.1
2012	23,315,822	0.4	229,481	9.9	1.3
2013	23,373,517	0.3	199,113	8.5	1.1
2014	23,433,753	0.3	210,383	9.0	1.2
2015	23,492,074	0.3	213,598	9.1	1.2
2016	23,539,816	0.2	208,440	8.9	1.2
2017	23,571,227	0.1	193,844	8.2	1.1
2018	23,588,932	0.1	181,601	7.7	1.1
2019	23,603,121	0.1	177,767	7.5	1.1
2020	23,561,236	-0.2	165,249	7.0	1.0
2021	23,375,314	-0.8	153,820	6.6	1.0
2022	23,264,640	-0.5	138,986	6.0	0.9

附表 17 ▶ 勞動力與就業人口（1990-2022）

項目類別	勞動力			就業人口	
	數額（萬人）	年增率（%）	勞動力參與率（%）	數額（萬人）	年增率（%）
1990	842	0.4	59.2	828	0.3
1991	857	1.7	59.1	844	1.9
1992	877	2.3	59.3	863	2.3
1993	887	1.3	58.8	875	1.3
1994	908	2.3	59.0	894	2.2
1995	921	1.4	58.7	905	1.2
1996	931	1.1	58.4	907	0.3
1997	943	1.3	58.3	918	1.2
1998	955	1.2	58.0	929	1.2
1999	967	1.3	57.9	939	1.0
2000	978	1.2	57.7	949	1.1
2001	983	0.5	57.2	938	-1.2
2002	997	1.4	57.3	945	0.8
2003	1,008	1.1	57.3	957	1.3
2004	1,024	1.6	57.7	979	2.2
2005	1,037	1.3	57.8	994	1.6
2006	1,052	1.5	57.9	1,011	1.7

項目類別	勞動力			就業人口	
	數額（萬人）	年增率（%）	勞動力參與率（%）	數額（萬人）	年增率（%）
2007	1,071	1.8	58.3	1,029	1.8
2008	1,085	1.3	58.3	1,040	1.1
2009	1,092	0.6	57.9	1,028	-1.2
2010	1,107	1.4	58.1	1,049	2.1
2011	1,120	1.2	58.2	1,071	2.1
2012	1,134	1.3	58.4	1,086	1.4
2013	1,145	0.9	58.4	1,097	1.0
2014	1,154	0.8	58.5	1,108	1.0
2015	1,164	0.9	58.7	1,120	1.1
2016	1,173	0.8	58.8	1,127	0.6
2017	1,180	0.6	58.8	1,135	0.8
2018	1,187	0.7	59.0	1,143	0.7
2019	1,195	0.6	59.2	1,150	0.6
2020	1,196	0.2	59.1	1,150	0.0
2021	1,192	-0.4	59.0	1,145	-0.5
2022	1,185	-0.6	59.2	1,142	-0.3

附表 18 ▶ 各產業就業比率（2000-2022）

單位：萬人、比率（%）

項目類別	農業		工業		服務業	
	數額	比率	數額	比率	數額	比率
2001	71	7.5	343	36.6	525	55.9
2002	71	7.5	339	35.8	536	56.7
2003	70	7.3	340	35.5	548	57.2
2004	64	6.6	351	35.9	563	57.5
2005	59	5.9	362	36.4	573	57.7
2006	55	5.5	370	36.6	586	57.9
2007	54	5.3	379	36.8	596	57.9
2008	54	5.1	383	36.8	604	58.0
2009	54	5.3	369	35.8	605	58.9
2010	55	5.2	377	35.9	617	58.8
2011	54	5.1	389	36.3	628	58.6
2012	54	5.0	394	36.2	638	58.7
2013	54	5.0	397	36.2	646	58.9
2014	55	4.9	400	36.1	653	58.9
2015	56	5.0	404	36.0	661	59.0
2016	56	4.9	404	35.9	667	59.2
2017	56	4.9	406	35.8	673	59.3
2018	56	4.9	408	35.7	679	59.4

項目類別	農業		工業		服務業	
	數額	比率	數額	比率	數額	比率
2019	56	4.9	409	35.6	685	59.6
2020	55	4.8	408	35.4	688	59.8
2021	54	4.7	406	35.5	685	59.8
2022	53	4.6	404	35.4	685	60.0

註：比率是指各產業就業人口占全部就業人口的比率。

附表 19 **臺灣人才外流統計（2004-2022）**

年度	外國專業人員 有效聘僱許可人次	國人赴海外 工作人數	人才淨外流人數
2004	19,147		
2005	23,872		
2006	27,124		
2007	26,713		
2008	24,963		
2009	23,534	662,000	-638,466
2010	24,192	687,000	-662,808
2011	24,392	681,000	-656,608
2012	25,179	698,000	-672,821
2013	25,219	717,000	-691,781
2014	26,268	726,000	-699732
2015	27,886	724,000	-696,114
2016	28,771	728,000	-699,229
2017	28,563	736,000	-707,437
2018	30,497	737,000	-706,503
2019	31,125	739,000	-707,875
2020	36,852	501,000	-464,148
2021	40,993	319,000	-278,007
2022	46,526		

附表 20 ▶ **國際移工統計（2008-2022）**

單位：千人

項目類別	總計	產業移工	社福移工
2008	365	197	168
2009	351	176	175
2010	380	194	186
2011	426	228	198
2012	446	243	203
2013	489	279	210
2014	552	332	220
2015	588	364	224
2016	625	387	237
2017	676	426	250
2018	707	449	258
2019	718	457	261
2020	709	457	252
2021	670	443	227
2022	728	506	222

附表 21 ▶ 總人口與總生育率中推估 (2019-2070)

年度	總人口		總生育率
	人數（萬人）	與 2022 年差異（萬人）	人
2019	2,360		1.05
2022	2,317		0.89
2030	2,309	-8	1.04
2040	2,209	-108	1.20
2050	2,045	-272	1.20
2070	1,622	695	1.20

附表 22 **工作年齡人口、老年人口與扶養比中推估（2019-2070）**

年度	工作年齡人口 （15-64 歲）			老年人口 （65 歲以上）		扶養比
	人數 （萬人）	與 2022 年 差異	占總人 口占比	人數 （萬人）	占總人 口占比	人
2015	1,737					
2022	1,630		70.3	406	17.5	42.2
2030	1,507	-123	65.3	557	24.1	53.2
2040	1,323	-307	59.9	677	30.6	67.0
2050	1,091	-539	53.3	766	37.5	87.5
2070	776	-854	47.8	708	43.6	109.1

附表 23 ▶ 工業及服務業多因素生產力指數（2001-2020）

單位：2016 年＝ 100、年增率（%）

年別	工業及服務業		服務業		工業		製造業		ICT 產業	
	指數	年增率	指數	年增率	指數	年增率	指數	年增率	指數	年增率
2001	70.11	-	88.96	-	50.78	-	45.94	-	28.70	-
2002	72.81	3.85	90.02	1.19	54.83	7.97	49.70	8.19	31.43	9.52
2003	75.09	3.13	90.82	0.89	58.30	6.34	53.32	7.27	35.28	12.24
2004	77.98	3.85	93.58	3.03	61.18	4.93	55.82	4.71	36.61	3.76
2005	80.06	2.66	96.22	2.83	62.67	2.44	57.37	2.77	38.68	5.66
2006	82.48	3.03	99.71	3.62	64.15	2.36	58.78	2.45	41.37	6.94
2007	87.02	5.50	103.23	3.53	69.51	8.36	64.49	9.73	47.22	14.15
2008	85.65	-1.57	101.03	-2.13	68.90	-0.89	64.49	-0.01	50.51	6.97
2009	84.60	1.23	97.88	-3.12	69.64	1.08	65.72	1.92	54.71	8.32
2010	93.30	10.29	101.96	4.17	82.87	19.00	79.42	20.85	66.74	21.99
2011	96.44	3.37	104.12	2.11	87.07	5.06	84.40	6.27	73.64	10.34
2012	97.43	1.03	102.55	-1.51	90.88	4.37	88.94	5.38	82.02	11.38
2013	97.83	0.41	102.36	-0.19	92.04	1.28	90.35	1.59	84.33	2.81
2014	100.74	2.97	102.64	0.28	98.11	6.60	97.54	7.96	94.60	12.18
2015	99.21	-1.52	100.72	-1.87	97.26	-0.86	97.11	-0.44	96.43	1.93
2016	100.00	0.79	100.00	-0.72	100.00	2.81	100.00	2.98	100.00	3.71
2017	102.08	2.08	101.64	1.64	102.68	2.68	102.87	2.87	102.62	2.62
2018	103.59	1.48	104.12	2.44	102.89	0.21	102.65	-0.21	103.54	0.89
2019	104.80	1.17	107.31	3.06	101.47	-1.38	100.71	-1.89	108.39	4.69
2020	106.74	1.85	107.56	0.24	104.93	3.41	104.80	4.06	120.26	10.95

附表 24　**資訊通信科技（ICT）產業研發經費（2012-2021）**

單位：億元、占比（%）

年別	全部研發經費		ICT 產業研發經費			服務業研發	
	數額	差異	數額	差異	占比[1]	經費	ICT 倍數[2]
2012	4,340		2,367		54.5	264	9.0
2013	4,584	244	2,563	196	55.9	292	8.8
2014	4,845	261	2,768	205	57.1	309	9.0
2015	5,116	271	2,970	202	58.1	323	9.2
2016	5,418	301	3,124	154	57.7	343	9.1
2017	5,745	327	3,394	270	59.1	377	9.0
2018	6,160	415	3,694	300	60.0	405	9.1
2019	6,605	445	4,049	355	61.3	414	9.8
2020	7,188	583	4,595	546	63.9	452	10.2
2021	8,206	1,018	5,486	891	66.9	503	10.9
累計		3,866		3,119	80.7		

註：1. ICT產業占全部研發經費。
　　2. ICT產業研發經費是服務業研發經費的倍數。

附表 25 ▶ 企業研發經費－依員工數區分（2012-2021）

單位：百萬元、占比（%）

年別	總計	0-199 人		200 人以上		1,000 人以上	
	金額	金額	占比	金額	占比	金額	占比
2012	322,111	45,558	14.1	276,554	85.9	194,410	60.4
2013	346,206	47,725	13.8	298,480	86.2	213,296	61.6
2014	373,019	52,709	14.1	320,311	85.9	234,389	62.8
2015	397,163	51,873	13.1	345,290	86.9	255,658	64.4
2016	419,989	52,917	12.6	367,072	87.4	270,150	64.3
2017	454,116	54,044	11.9	400,073	88.1	299,721	66.0
2018	494,706	59,600	12.0	435,107	88.0	327,599	66.2
2019	534,586	59,843	11.2	474,743	88.8	359,883	67.3
2020	593,355	61,770	10.4	531,585	89.6	416,464	70.2
2021	691,589	68,675	9.9	622,914	90.1	496,361	71.8
增長率（%）	114.7		50.7		125.2		155.3
2012-2015	23.3		13.9		24.9		31.5
2016-2021	64.7		29.8		69.7		83.7

附表 26 ▶ 中小企業與大企業競爭力比較（2021 年）

單位：家、十億元、萬人、%

項目		全部企業	中小企業	大企業
家數	數量	1,613,281	1,595,828	17,453
	比率	100	98.9	1.1
就業	人數	1,144.7	920.0	122.2
	比率	100	80.4	10.7
銷售額	金額	50,693.8	26,619.5	24,074.3
	比率	100	61.6	38.4
內銷額	金額	37,749.2	23,258.5	14,490.8
	比率	100	61.6	38.4
出口額	金額	12,944.5	3,361.0	9,583.5
	比率	100	26.0	74.0
研發經費	金額	691.6	68.7	622.9
	比率	100	9.9	90.1

說明：「全部企業」之就業及受僱人數，尚包括受政府僱用（公部門），所以全部企業的就業人數，不等於中小企業＋大企業的數據。

附表 27 中小企業的銷售額與出口額比較（2012-2021）

單位：兆元、占比（%）

年度	銷售			出口		
	全部	中小企業	占比	全部	中小企業	占比
2012	37.1	11.3	30.4	9.7	1.7	17.9
2013	38.5	11.3	29.4	9.8	1.4	14.5
2014	40.2	11.8	29.4	10.2	1.5	14.6
2015	38.9	11.8	30.4	9.7	1.5	15.2
2016	38.3	11.0	30.7	9.5	1.4	15.0
2017	40.2	12.1	30.2	10.0	1.4	14.2
2018	42.7	12.6	29.6	10.6	1.5	13.7
2019	43.0	12.7	29.6	10.5	1.4	13.4
2020	43.6	23.6	54.0	10.3	2.7	26.3
2021	50.7	26.6	52.5	12.9	3.4	26.0

註：2020年統計口徑改變。

啟思路21　PF0345

 2023 台灣經濟發展藍皮書：
結構分析與國際比較

作　　者	童振源博士、王國臣博士
責任編輯	鄭伊庭
圖文排版	楊家齊
封面設計	王嵩賀

出版策劃	釀出版
製作發行	秀威資訊科技股份有限公司
	114 台北市內湖區瑞光路76巷65號1樓
	電話：+886-2-2796-3638　傳真：+886-2-2796-1377
	服務信箱：service@showwe.com.tw
	http://www.showwe.com.tw
郵政劃撥	19563868　戶名：秀威資訊科技股份有限公司
展售門市	國家書店【松江門市】
	104 台北市中山區松江路209號1樓
	電話：+886-2-2518-0207　傳真：+886-2-2518-0778
網路訂購	秀威網路書店：https://store.showwe.tw
	國家網路書店：https://www.govbooks.com.tw
法律顧問	毛國樑　律師
總 經 銷	聯合發行股份有限公司
	231新北市新店區寶橋路235巷6弄6號4F
	電話：+886-2-2917-8022　傳真：+886-2-2915-6275

出版日期	2023年5月　BOD一版
定　　價	560元

讀者回函卡

國家圖書館出版品預行編目

2023 台灣經濟發展藍皮書 / 童振源, 王國臣著. -- 一版.
-- 臺北市：釀出版, 2023.05
　　面；　公分
BOD版
ISBN 978-986-445-809-7 (平裝)

1. CST: 臺灣經濟　2. CST: 經濟發展

552.33　　　　　　　　　　　　　　　112005410